suhrkamp taschenbuch 750

»Hesses Prosadichtung ist ein Bekenntnismärchen, ein bedeutungsvolles Phantasiespiel vom tröstlichen Geheimnis der unvergänglichen Gemeinschaft des Geistes. Die Geschichte einer einzigartigen Fabelreise verwebt reizvoll Privates und Allgemeingültiges, Wunschbilder und Wirklichkeiten. Wenn es in unserer Zeit einen Wesensverwandten hat, so in Franz Kafkas allerdings düsterem, menschlich-magischem Werk. Auch in der Erzählung Hesses handelt es sich um ein imaginäres Reich ... um eine Entdeckungsreise, die auf die banalen Hilfsmittel moderner Dutzendtouren verzichtet und ins Un- und Überwirkliche vorstößt.«   *Max Herrmann-Neiße*

Hermann Hesse, am 2. Juli 1877 in Calw/Württemberg als Sohn eines baltendeutschen Missionars und der Tochter eines württembergischen Indologen geboren, 1946 ausgezeichnet mit dem Nobelpreis für Literatur, starb am 9. August 1962 in Montagnola bei Lugano.

Hermann Hesse
Die Morgenlandfahrt

Eine Erzählung

Suhrkamp

Umschlagabbildung: Paul Klee. Salon Tunisien
(Verkehr auf dem Boulevard Tunis), 1918, 54.
Aquarell auf Papier (Ingres) auf Karton; 22,5 x 28,5 cm.

19. Auflage 2018

Erste Auflage 1982
suhrkamp taschenbuch 750
Copyright © 1932 by S. Fischer Verlag AG, Berlin
Suhrkamp Taschenbuch Verlag
Druck: CPI – Ebner & Spiegel, Ulm
Printed in Germany
Umschlag: Göllner, Michels, Zegarzewski
ISBN 978-3-518-37250-0

Die Morgenlandfahrt

I

Da es mir beschieden war, etwas Großes mitzuer-
leben, da ich das Glück gehabt habe, dem
»Bunde« anzugehören und einer der Teilnehmer
jener einzigartigen Reise sein zu dürfen, deren
Wunder damals wie ein Meteor aufstrahlte und die
nachher so wunderlich rasch in Vergessenheit, ja
in Verruf geriet, habe ich mich entschlossen, den
Versuch einer kurzen Beschreibung dieser uner-
hörten Reise zu wagen: einer Reise, wie sie seit
den Tagen Hüons und des Rasenden Roland von
Menschen nicht mehr gewagt worden war bis in
unsre merkwürdige Zeit: die trübe, verzweifelte
und doch so fruchtbare Zeit nach dem großen
Kriege. Über die Schwierigkeiten meines Versuches glaube ich mich keiner Täuschung hinzugeben; sie sind sehr groß, und sie sind nicht nur
subjektiver Natur, obwohl schon diese beträcht-
lich genug wären. Denn nicht nur besitze ich heute
aus der Zeit der Reise keinerlei Erinnerungs-
stücke mehr, keine Andenken, keine Dokumente,
keine Tagebücher – nein, es ist mir in den seither
verflossenen schweren Jahren des Mißgeschicks,
der Krankheit und tiefen Heimsuchung auch ein
großer Teil der Erinnerungen verlorengegangen;
infolge von Schicksalsschlägen und immer neuen
Entmutigungen ist sowohl mein Gedächtnis selbst

wie auch mein Vertrauen in dies früher so treue Gedächtnis beschämend schwach geworden. Aber von diesen rein persönlichen Nöten abgesehen, sind mir zum Teil auch durch mein einstiges Bundesgelübde die Hände gebunden; denn dies Gelübde erlaubt mir zwar die schrankenlose Mitteilung meiner persönlichen Erlebnisse, verbietet aber jede Enthüllung über das Bundesgeheimnis selbst. Und wenn auch seit Jahr und Tag der Bund keine sichtbare Existenz mehr zu haben scheint und ich keines seiner Mitglieder wiedergesehen habe, so würde doch keine Verlockung und keine Bedrohung der Welt mich dazu bringen können, das Gelübde zu brechen. Im Gegenteil: würde ich heut oder morgen vor ein Kriegsgericht und vor die Wahl gestellt, mich töten zu lassen oder das Geheimnis des Bundes zu verraten, o mit welch glühender Freude würde ich mein Bundesgelübde durch den Tod besiegeln!

Es sei hier nebenbei bemerkt: Seit dem Reisetagebuch des Grafen Keyserling sind mehrmals Bücher erschienen, deren Autoren teils unbewußt, teils aber auch mit Absicht den Anschein erweckten, als seien sie Bundesbrüder und hätten an der Morgenlandreise teilgenommen. Sogar die abenteuerlichen Reiseberichte von Ossendowski gerieten gelegentlich in diesen ehrenden Verdacht. Aber sie alle haben mit dem Bunde und mit unsrer Morgenlandfahrt nicht das mindeste zu tun, oder doch im besten Falle nicht mehr, als die Prediger kleiner pietistischer Sekten mit dem Heiland, den Aposteln und dem Heiligen Geiste zu tun haben, auf deren spezielle Gunst und Mitgliedschaft sie sich berufen. Mag Graf Keyserling wirklich mit Komfort die Welt umschifft und mag Ossendowski wirklich die von ihm beschriebenen Länder durchquert haben, so waren ihre Reisen doch keine Wunder und haben keine neuen Gebiete entdeckt, während gewisse Etappen unsrer Morgenlandfahrt, indem sie auf alle die banalen Hilfsmittel moderner Dutzendreisen, auf Eisenbahnen, Dampfschiffe, Telegraph, Auto, Flugzeug und so weiter verzichteten, wirklich ins Heroische und Magische durchgestoßen sind. Es war ja damals kurz nach dem Weltkriege, und namentlich für das Denken der besiegten Völker, ein außerordentlicher Zustand von Unwirklichkeit, von Bereitschaft für das Überwirkliche gegeben, wenn auch nur an ganz wenigen Punkten tatsächlich Grenzen durchbrochen und Vorstöße in das Reich einer kommenden Psychokratie getan wurden. Unsre Fahrt damals durch das Mondmeer nach Famagusta, unter der Führung Albertus des Großen, oder etwa die Entdeckung der Schmetterlingsinsel, zwölf Linien hinter Zipangu, oder die erhabene Bundesfeier am Grabe Rüdigers – das sind Taten und Erlebnisse, wie sie Menschen unserer Zeit und Zone nur dies eine Mal vergönnt waren.

Schon hier, wie ich sehe, stoße ich auf eins der größten Hindernisse meines Berichtes. Es wäre die Ebene, auf welcher unsere Taten sich vollzogen, es wäre die seelische Erlebnisschicht, welcher sie angehören, dem Leser verhältnismäßig leicht zugänglich zu machen, wenn es erlaubt wäre, ihn ins Innere des Bundesgeheimnisses zu führen. So aber wird vieles, wird vielleicht alles ihm unglaublich scheinen und unfaßbar bleiben. Allein das Paradoxe muß immer wieder gewagt, das an sich Unmögliche muß immer neu unternommen werden. Ich halte es mit Siddhartha, unsrem weisen Freund aus dem Osten, der einmal gesagt hat: »Die Worte tun dem geheimen Sinn nicht gut, es wird immer alles gleich ein wenig anders, ein wenig verfälscht, ein wenig närrisch – ja, und auch das ist gut, auch damit bin ich einverstanden, daß das, was eines Menschen Schatz und Weisheit ist, dem andern immer wie Narrheit klingt.« Auch haben schon vor Jahrhunderten die Mitglieder und die Geschichtsschreiber unsres Bundes diese Schwierigkeit gekannt und ihr tapfer die Stirn geboten, und einer von ihnen, einer der Größten, hat sich in einem unsterblichen Verse so darüber geäußert:

Wer weit gereist, wird oftmals Dinge schauen,
Sehr fern von dem, was er für Wahrheit hielt.
Erzählt er's dann in seiner Heimat Auen,

So wird ihm oft als Lügner mitgespielt.
Denn das verstockte Volk will ihm nicht trauen,
Wenn es nicht sieht und klar und deutlich fühlt.
Die Unerfahrenheit, ich kann mir's denken,
Wird meinem Sange wenig Glauben schenken.

Diese »Unerfahrenheit« hat es denn auch zustande gebracht, daß heute in der Öffentlichkeit unsre Reise, welche einst Tausende bis zur Ekstase erregt hat, nicht nur vergessen, sondern daß ihr Gedächtnis mit einem richtigen Tabu belegt ist. Nun, die Geschichte ist ja reich an Beispielen ähnlicher Art. Die ganze Weltgeschichte scheint mir oft nichts andres zu sein als ein Bilderbuch, das die heftigste und blindeste Sehnsucht der Menschen spiegelt: die Sehnsucht nach Vergessen. Tilgt da nicht jede Generation mit den Mitteln des Verbotes, des Totschweigens, des Spottes immer gerade das aus, was der vorigen Generation das Wichtigste schien? Haben wir es nicht eben erst erlebt, daß ein ungeheurer, jahrelanger, grauenhafter Krieg von ganzen Völkern jahrelang vergessen, geleugnet, verdrängt und weggezaubert worden ist und daß diese Völker jetzt, wo sie sich ein klein wenig ausgeruht haben, mit Hilfe spannender Kriegsromane sich dessen wieder zu erinnern suchen, was sie vor einigen Jahren selber angerichtet und erlitten haben? So wird auch für die Taten und Leiden unsres Bundes, welche heut vergessen oder der Welt ein Gelächter sind, der Tag der Wiederentdeckung kommen, und meine Aufzeichnungen sollen dazu ein weniges beitragen.

Zu den Besonderheiten der Morgenlandfahrt gehörte unter andern auch diese, daß zwar der Bund mit dieser Reise ganz bestimmte, sehr hohe Ziele anstrebte (sie gehören der Zone des Geheimnisses an, sind also nicht mitteilbar), daß aber jeder einzelne Teilnehmer auch seine privaten Reiseziele haben konnte, ja haben mußte, denn es wurde keiner mitgenommen, den nicht solche privaten Ziele antrieben, und jeder einzelne von uns, während er gemeinsamen Idealen und Zielen zu folgen und unter einer gemeinsamen Fahne zu kämpfen schien, trug als innerste Kraft und letzten Trost seinen eigenen, törichten Kindertraum im Herzen mit sich. Was nun mein eigenes Reiseziel betrifft, um das ich vor meiner Aufnahme in den Bund vom Hohen Stuhl befragt wurde, so war es ein einfaches, während manche andre Bundesbrüder sich Ziele gesetzt hatten, welche ich zwar wohl zu achten, nicht aber ganz zu begreifen vermochte. Einer zum Beispiel war Schatzsucher und hatte nichts andres im Sinn als die Gewinnung eines hohen Schatzes, den er »Tao« nannte, ein andrer aber hatte sich gar in den Kopf gesetzt, eine gewisse Schlange fangen zu wollen, welcher er Zauberkräfte zuschrieb und die er Kundalini nannte. Mein eigenes Reise- und Lebensziel hingegen, das mir schon seit den späteren Knabenjahren in Träumen vorgeschwebt hatte, war dieses: die schöne Prinzessin Fatme zu sehen und womöglich ihre Liebe zu gewinnen.

Zu jener Zeit, da ich dem Bunde beitreten zu dürfen das Glück hatte, nämlich unmittelbar nach dem Ende des großen Krieges, war unser Land voll von Heilanden, Propheten und Jüngerschaften, von Ahnungen des Weltendes oder Hoffnungen auf den Anbruch eines Dritten Reiches. Erschüttert vom Kriege, verzweifelt durch Not und Hunger, tief enttäuscht durch die anscheinende Nutzlosigkeit all der geleisteten Opfer an Blut und Gut, war unser Volk damals manchen Hirngespinsten, aber auch manchen echten Erhebungen der Seele zugänglich, es gab bacchantische Tanzgemeinden und wiedertäuferische Kampfgruppen, es gab dies und jenes, was nach dem Jenseits und nach dem Wunder hinzuweisen schien; auch eine Hinneigung zu indischen, altpersischen und anderen östlichen Geheimnissen und Kulten war damals weitverbreitet, und all dies hat dazu geführt, daß auch unser Bund, der uralte, den meisten als eines der vielen hastig aufgeblühten Modegewächse erschien und daß er nach einigen Jahren mit ihnen teils in Vergessenheit, teils in Verachtung und Verruf geraten ist. Die Treugebliebenen unter seinen Jüngern kann dies nicht anfechten.

Wie wohl erinnere ich mich der Stunde, da ich nach Ablauf meines Probejahres mich dem Hohen Stuhl vorstellte, vom Sprecher in den Plan der Morgenlandfahrt eingeweiht und, als ich mich diesem Plane mit Leib und Leben zur Verfügung stellte, freundlich danach befragt wurde, was es denn sei, das ich mir von dieser Fahrt ins Märchenreich verspreche! Errötend zwar, aber freimütig und ohne Zögern bekannte ich mich vor den versammelten Oberen zu meinem Herzenswunsche, die Prinzessin Fatme mit meinen Augen sehen zu dürfen. Und der Sprecher, die Gebärde der Verhüllten dolmetschend, legte mir gütig die Hand auf den Scheitel, segnete mich und sprach die Formel, welche meine Aufnahme als Bruder des Bundes bekräftigte. »Anima pia«, redete er mich an und ermahnte mich zur Treue im Glauben, zum Heldenmut in Gefahr, zur brüderlichen Liebe. Während des Probejahres wohlvorbereitet, leistete ich den Eid, schwor der Welt und ihrem Irrglauben ab und bekam den Bundesring an den Finger gesteckt, mit jenen Ringworten aus einem der schönsten Kapitel unsrer Bundesgeschichte:

In Erd' und Luft, in Wasser und in Feuer
Sind ihm die Geister untertan;

Sein Anblick schreckt und zähmt die wildsten Ungeheuer,
Und selbst der Antichrist muß zitternd sich ihm nah'n . . .
und so weiter.

Es wurde mir auch zu meiner Freude gleich bei der Aufnahme eine der Erleuchtungen zuteil, wie sie uns Novizen in Aussicht gestellt waren. Kaum nämlich hatte ich, den Weisungen der Oberen folgend, mich einer der Zehnergruppen ange-schlossen, welche überall im Lande unterwegs waren, um zum Bundeszuge zu stoßen, so wurde eins der Geheimnisse unsres Zuges mir alsbald durchdringend klar. Ich erkannte: wohl hatte ich mich einer Pilgerfahrt nach dem Morgenlande angeschlossen, einer bestimmten und einmaligen Pilgerfahrt dem Anscheine nach – aber in Wirk-lichkeit, im höheren und eigentlichen Sinne, war dieser Zug zum Morgenlande nicht bloß der meine und nicht bloß dieser gegenwärtige, sondern es strömte dieser Zug der Gläubigen und sich Hinge-benden nach dem Osten, nach der Heimat des Lichts, unaufhörlich und ewig, er war immerdar durch alle Jahrhunderte unterwegs, dem Licht und dem Wunder entgegen, und jeder von uns Brü-dern, jede unsrer Gruppen, ja unser ganzes Heer und seine große Heerfahrt war nur eine Welle im ewigen Strom der Seelen, im ewigen Heimwärtsstreben der Geister nach Morgen, nach der Heimat. Die Erkenntnis durchzuckte mich wie ein Strahl, und zugleich erwachte in meinem Herzen ein Wort, das ich während meines Novizenjahres gelernt und das mir immer wunderbar wohlgefallen hatte, ohne daß ich es doch eigentlich verstanden hätte, das Wort des Dichters Novalis: »Wo gehen wir denn hin? Immer nach Hause.«

Inzwischen hatte unsre Gruppe die Wanderung angetreten, bald trafen wir mit anderen Gruppen zusammen, und es erfüllte und beglückte uns mehr und mehr das Gefühl der Einigkeit und des gemeinsamen Zieles. Den Vorschriften getreu, lebten wir als Pilger und machten von keiner jener Einrichtungen Gebrauch, welche einer von Geld, Zahl und Zeit betörten Welt entstammen und das Leben seines Inhaltes entleeren; vor allem gehörten dazu Maschinen, wie Eisenbahnen, Uhren und dergleichen. Ein andrer unsrer einmütig eingehaltenen Grundsätze gebot uns, alle Stätten und Erinnerungen aufzusuchen und zu verehren, welche mit der uralten Geschichte unsres Bundes und seines Glaubens zusammenhingen. Alle frommen Orte und Denkmäler, Kirchen, ehrwürdige Grabstätten, welche irgend am Wege lagen, wurden besucht und gefeiert, die Kapellen und Altäre mit Blumen geschmückt, die Ruinen mit Liedern oder stiller Betrachtung geehrt, der Toten mit Musik und Gebeten gedacht. Nicht selten wurden wir dabei von den Ungläubigen verspottet und gestört, aber es geschah auch häufig genug, daß Priester uns segneten und zu Gaste luden, daß Kinder sich uns begeistert anschlossen, unsre Lieder lernten, uns nur mit Tränen weiterziehen sahen, daß ein alter Mann uns vergessene Denkmale der Vergangenheit zeigte oder eine Sage seiner Gegend berichtete, daß Jünglinge eine Strecke Weges mit uns gingen und in den Bund aufgenommen zu werden begehrten. Diesen wurde Rat erteilt und die ersten Gebräuche und Übungen des Noviziates mitgeteilt. Es geschahen die ersten Wunder, teils vor unsern sehenden Augen, teils waren Berichte und Legenden von ihnen plötzlich da. Eines Tages, ich war noch ganz Neuling, sprach urplötzlich jedermann davon, daß im Zelt unsrer Führer der Riese Agramant zu Gaste sei und die Führer zu überreden suche, den Weg über Afrika zu nehmen, um dort einige Bundesbrüder aus maurischer Gefangenschaft zu befreien. Ein andres Mal wurde das Hutzelmännlein gesehen, der Pechschwitzer, der Tröster, und man vermutete, unsre Wanderung werde sich gegen den Blautopf richten. Die erste wunderhafte Erscheinung aber, die ich mit eigenen Augen sah, war diese: Wir hatten bei einer halbverfallenen Kapelle im Oberamt Spaichendorf Andacht und Rast gehalten, an die einzige unbeschädigte Mauer der Kapelle war ein riesengroßer heiliger

Christoffer gemalt, auf seiner Schulter saß klein und vor Alter halbvergangen das Erlöserkind. Die Führer, wie sie es zuweilen taten, schlugen nicht einfach den Weg ein, der uns weiterführen sollte, sondern forderten uns alle auf, unsre Meinung darüber zu sagen, denn die Kapelle lag an einem dreifachen Kreuzweg, und wir hatten die Wahl. Nur wenige von uns äußerten einen Wunsch oder Rat, einer aber deutete nach links hinüber und forderte uns eindringlich auf, diesen Weg zu wählen. Wir schwiegen nun und warteten auf den Entscheid der Führer, da hob der heilige Christoffer an der Wand seinen Arm mit dem langen groben Stabe und deutete dorthin, nach links, wohin unser Bruder strebte. Wir sahen es alle, schweigend, und schweigend wendeten die Führer sich nach links und gingen diesen Weg, und wir folgten mit der innigsten Freude.

Wir waren noch nicht lange in Schwaben unterwegs, da machte sich eine Macht bemerkbar, an welche wir nicht gedacht hatten und deren Einfluß wir längere Zeit stark zu spüren bekamen, ohne doch zu wissen, ob diese Macht eine freundliche oder feindliche bedeute. Es war die Macht der Kronenwächter, welche in jenem Lande seit alters das Andenken und Erbe der Hohenstaufer bewahren. Ich weiß nicht, ob unsre Führer mehr darüber wußten und Weisungen hatten. Ich weiß nur, daß uns von jener Seite mehrmals Ermunterungen oder Warnungen zugekommen sind, so auf jenem Hügel am Wege nach Bopfingen, wo ein eisgrauer Geharnischter uns entgegentrat, bei geschlossenen Augen den greisen Kopf schüttelte und alsbald ohne Spur wieder verschwunden war. Unsre Führer nahmen die Warnung an, wir kehrten auf der Stelle um und haben Bopfingen nicht zu sehen bekommen. Dagegen geschah es in der Nähe von Urach, daß ein Abgesandter der Kronenwächter, wie aus dem Boden gewachsen, mitten im Führerzelt erschien und die Führer mit Versprechungen und Drohungen bestimmen wollte, unsern Zug in den Dienst der Staufer zu stellen und namentlich die Eroberung Siziliens vorzubereiten. Er soll, als die Führer sich dieser Gefolgschaft entschieden weigerten, über den Bund und über unsre Heerfahrt einen furchtbaren Fluch gesprochen haben. Doch berichte ich da nur, was eben unter uns darüber geflüstert worden ist; die Führer selbst haben kein Wort darüber geäußert. Immerhin scheint es möglich, daß unsre schwankenden Beziehungen zu den Kronenwächtern es waren, welche damals unsren Bund eine Zeitlang in den unverdienten Ruf brachten, ein Geheimbund zur Wiederaufrichtung der Monarchie zu sein.

Einmal habe ich es auch miterleben müssen, daß einer meiner Kameraden reuig wurde, sein Gelübde mit Füßen trat und in den Unglauben zurückfiel. Es war ein junger Mensch, den ich recht gern gemocht hatte. Der persönliche Grund, warum er mit nach dem Morgenlande zog, war sein Wunsch, den Sarg des Propheten Mohammed zu sehen, von welchem er hatte sagen hören, daß er durch Zauber frei in der Luft schwebe. In einem jener schwäbischen oder alemannischen Städtchen, wo wir uns einige Tage aufhielten, weil eine Opposition von Saturn und Mond unsern Weitermarsch hemmte, traf dieser Unglückliche, der schon seit einer Weile traurig und unfrei aussah, einen seiner ehemaligen Lehrer an, dem er von seinen Schuljahren her anhänglich geblieben war; und diesem Lehrer gelang es, den Jüngling unsere Sache wieder in jenem Lichte sehen zu lassen, in welchem sie den Ungläubigen erscheint. Der arme Mensch kam von einem Besuche bei diesem Lehrer zurück zu unsrem Lager, in schrecklicher Erregung, mit verzerrtem Gesicht, er schlug Lärm vor dem Führerzelt, und als der Sprecher heraustrat, schrie er diesen zornig an: er habe es satt, diesen Narrenzug mitzumachen, der uns niemals nach dem Orient bringen werde, er habe es satt, wegen dummer astrologischer Bedenken tagelang die Reise zu unterbrechen, er habe den Müßiggang, die kindischen Umzüge, die Blumenfeste, die Wichtigtuerei mit Magie, das Durcheinanderwerfen von Leben und Dichtung – all das habe er übersatt, er werfe den Führern seinen Ring vor die Füße und nehme Abschied, um mit der bewährten

Eisenbahn in seine Heimat und an seine nützliche Arbeit zurückzukehren. Es war ein häßlicher und kläglicher Anblick, uns zog sich das Herz zusammen vor Scham und zugleich vor Mitleid mit dem Verblendeten. Der Sprecher hörte ihn freundlich an und bückte sich lächelnd nach dem weggeworfenen Ring und sagte mit einer Stimme, deren heitere Ruhe den Stürmer beschämen mußte: »Du hast Abschied genommen von uns und wirst also zur Eisenbahn, zur Vernunft und zur nützlichen Arbeit zurückkehren. Du hast Abschied genommen vom Bund, Abschied vom Zuge nach Osten, Abschied von der Magie, von den Blumenfesten, von der Poesie. Du bist frei, du bist von deinem Gelübde entbunden.«

»Auch von der Schweigepflicht?« rief heftig der Abtrünnige.

»Auch von der Schweigepflicht«, gab der Sprecher Antwort. »Erinnere dich: Du hast geschworen, über das Geheimnis des Bundes vor den Ungläubigen zu schweigen. Da du, wie wir sehen, das Geheimnis vergessen hast, wirst du es niemand mitteilen können.«

»Vergessen hätte ich etwas? Ich habe nichts vergessen!« rief der Jüngling, war aber unsicher geworden, und als der Sprecher ihm den Rücken kehrte und sich ins Zelt zurückzog, lief er plötzlich rasch davon.

Er tat uns leid, doch waren jene Tage so gedrängt

voll von Erlebnissen, daß ich ihn merkwürdig
schnell vergaß. Nun aber geschah es eine Weile
später, als wohl schon keiner von uns mehr an ihn
dachte, daß wir in mehreren Dörfern und Städten,
durch die wir zogen, die Einwohner von ebendie-
sem Jüngling erzählen hörten. Es sei ein junger
Mensch dagewesen (und sie beschrieben ihn genau
und nannten seinen Namen), der sei überall auf
der Suche nach uns. Erst habe er erzählt, er gehöre
zu uns und sei auf dem Marsch zurückgeblieben
und verirrt, dann aber habe er zu weinen begonnen und habe berichtet, er sei uns untreu geworden und entlaufen, jetzt aber sehe er, daß er
außerhalb des Bundes nicht mehr leben könne, er
wolle und müsse uns finden, um den Führern zu
Füßen zu fallen und ihre Verzeihung zu erflehen.
Da und dort und immer wieder wurde uns diese
Geschichte erzählt; wo wir hinkamen, da war der
Arme eben gewesen. Wir fragten den Sprecher,
was er davon halte und was daraus werden solle.
»Ich glaube nicht, daß er uns finden wird«, sagte
der Sprecher kurz. Und er fand uns nicht, wir
sahen ihn nicht wieder.
Einst, als einer der Führer mich in ein vertrauli-
ches Gespräch gezogen hatte, faßte ich Mut und
fragte ihn, wie das nun mit diesem abtrünnigen
Bruder sei. Er sei doch reuig und sei auf der Suche
nach uns, sagte ich, man müsse ihm doch helfen,
seinen Fehler wiedergutzumachen, gewiß werde

er künftig der treueste Bundesbruder sein. Der Führer meinte: »Es wird uns eine Freude sein, wenn er zurückfindet. Erleichtern können wir es ihm nicht. Er hat es sich schwergemacht, den Glauben wiederzufinden, er wird, so fürchte ich, uns nicht sehen und erkennen, auch wenn wir dicht an ihm vorüberziehen. Er ist blind geworden. Die Reue allein hilft nichts, man kann die Gnade nicht durch Reue erkaufen, man kann sie überhaupt nicht erkaufen. Es ist schon vielen ähnlich gegangen, große und berühmte Männer sind Schicksalsbrüder dieses Jünglings gewesen. Einmal in der Jugend hat das Licht ihnen geleuchtet, einmal wurden sie sehend und folgten dem Stern, aber es kam die Vernunft und der Spott der Welt, es kam Kleinmut, es kamen scheinbare Mißerfolge, es kam Müdigkeit und Enttäuschung, und so haben sie sich wieder verloren, sind wieder blind geworden. Manche haben zeitlebens immer und immer wieder nach uns gesucht, uns aber nicht mehr finden können, und haben dann in der Welt gelehrt, unser Bund sei nur eine hübsche Sage, durch welche man sich nicht dürfe verführen lassen. Andre sind heftige Feinde geworden und haben dem Bund jede Schmähung und jeden Schaden angetan, der ihnen möglich war.«

Wunderbar festliche Tage waren es jedesmal, wenn wir auf unsrem Zuge mit andern Teilen des Bundesheeres zusammentrafen, wir bildeten dann zuweilen ein Heerlager von Hunderten, ja von Tausenden. Der Zug nämlich verlief nicht in einer festen Ordnung, so daß alle Teilnehmer in mehr oder weniger geschlossenen Heersäulen, alle in gleicher Richtung, gezogen wären. Vielmehr waren zahllose Gruppen gleichzeitig unterwegs, jede ihren Führern und ihren Sternen folgend, jede stets bereit, sich in eine größere Einheit aufzulösen und eine Weile ihr anzugehören, aber nicht minder bereit, stets wieder vereinzelt weiterzuziehen. Mancher zog auch ganz allein seines Weges, auch ich bin zuzeiten allein marschiert, wenn irgendein Zeichen oder Ruf mich auf eigene Wege lockte.

Ich erinnere mich einer auserlesenen kleinen Gruppe, mit welcher wir einige Tage gemeinsam marschierten und lagerten; diese Gruppe hatte es auf sich genommen, die in Afrika gefangenliegenden Bundesbrüder und die Prinzessin Isabella aus den Händen der Mauren zu befreien. Von ihnen hieß es, sie besäßen das Horn des Hüon, und unter ihnen waren der mir befreundete Dichter Lauscher, der Maler Klingsor und der Maler Paul Klee; sie sprachen von nichts als von Afrika und der gefangenen Prinzessin, und ihre Bibel war das Buch von den Taten Don Quixotes, dem zu Ehren sie ihren Weg über Spanien zu nehmen dachten. Schön war es jedesmal, einer solchen Freundesgruppe zu begegnen, ihren Festen und Andachten beizuwohnen, sie zu den unseren einzuladen, ihre Taten und Pläne zu hören, sie beim Abschied zu segnen und zu wissen: Sie zogen ihren Weg, wie wir den unsern, es hatte jeder einzelne von ihnen seinen Traum, seinen Wunsch, sein heimliches Spiel im Herzen, und doch flossen sie alle mit im großen Strom und gehörten alle zusammen, trugen dieselbe Ehrfurcht im Herzen, denselben Glauben, hatten alle dasselbe Gelübde abgelegt! Ich traf Jup, den Magier, der das Glück seines Lebens in Kaschmir zu pflücken gedachte, ich traf Collofino, den Rauchzauberer, seine Lieblingsstelle aus dem Abenteuerlichen Simplizissimus zitierend, ich traf Louis den Grausamen, dessen Traum es war, im Heiligen Lande einen Ölgarten zu pflanzen und Sklaven zu halten, Arm in Arm ging er mit Anselm, der die blaue Irisblume seiner Kindheit suchen ging. Ich traf und liebte Ninon, als »die Ausländerin« bekannt, dunkel blickten ihre Augen unter schwarzen Haaren, sie war eifersüchtig auf Fatme, die Prinzessin meines Traumes, und war ja doch wahrscheinlich selber Fatme, ohne es zu wissen. So wie wir dahingezogen, so waren einst Pilger, Kaiser und Kreuzritter gezogen, um das Grab des Heilands zu befreien oder um arabische Magie zu studieren, spanische Ritter waren diesen Weg gepilgert und deutsche Gelehrte, irische Mönche und französische Dichter.

Mir, der ich von Beruf eigentlich nur Violinspieler und Märchenleser war, lag es ob, in unsrer Gruppe für die Musik zu sorgen, und ich erfuhr es damals, wie eine große Zeit den kleinen einzelnen hebt und seine Kräfte steigert. Ich spielte nicht nur die Violine und leitete unsre Chöre, ich sammelte auch alte Lieder und Choräle, schrieb sechs- und achtstimmige Motetten und Madrigale und studierte sie ein. Doch nicht davon will ich berichten.

Viele unter meinen Kameraden und Vorgesetzten wurden mir sehr lieb. Aber kaum einer hat, während er damals scheinbar wenig beachtet wurde, nachher meine Erinnerung so viel beschäftigt wie Leo. Leo war einer unsrer Diener (welche natürlich Freiwillige waren wie wir), er half beim Gepäcktragen und war häufig dem persönlichen Dienst beim Sprecher zugeteilt. Dieser unscheinbare Mann hatte etwas so Gefälliges, unaufdringlich Gewinnendes an sich, daß wir alle ihn liebten. Er tat seine Arbeit fröhlich, sang oder pfiff meistens vor sich hin, war nie zu sehen, als wenn man ihn brauchte, ein idealer Diener. Außerdem hingen alle Tiere ihm an, beinahe immer hatten wir irgendeinen Hund bei uns, der Leos wegen mitgelaufen war; er konnte Vögel zahm machen und Schmetterlinge an sich locken. Was ihn nach dem Morgenlande zog, war sein Wunsch, nach salomonischem Schlüssel die Sprachen der Vögel verstehen zu lernen. Neben manchen Gestalten unsres

Bundes, welche unbeschadet ihres Wertes und ihrer Bundestreue doch vielleicht irgend etwas Übersteigertes, etwas Absonderliches, Feierliches oder Phantastisches an sich hatten, wirkte dieser Diener Leo einfach und natürlich, so rotbäckig gesund und freundlich anspruchslos.

Was mir die Erzählung besonders erschwert, das ist die große Verschiedenheit meiner einzelnen Erinnerungsbilder. Ich sagte ja schon, daß wir bald nur als kleine Gruppe marschierten, bald eine Schar oder gar ein Heer bildeten, zuweilen blieb ich aber auch nur mit einem einzigen Kameraden, oder auch ganz allein, in irgendeiner Gegend zurück, ohne Zelte, ohne Führer, ohne Sprecher. Schwierig wird das Erzählen ferner dadurch, daß wir ja nicht nur durch Räume wanderten, sondern ganz ebenso durch Zeiten. Wir zogen nach Morgenland, wir zogen aber auch ins Mittelalter oder ins goldne Zeitalter, wir streiften Italien oder die Schweiz, wir nächtigten aber auch zuweilen im zehnten Jahrhundert und wohnten bei den Patriarchen oder bei Feen. In den Zeiten meines Alleinbleibens fand ich häufig Gegenden und Menschen meiner eigenen Vergangenheit wieder, wanderte mit meiner gewesenen Braut an den Waldufern des oberen Rheins, zechte mit Jugendfreunden in Tübingen, in Basel oder Florenz, oder war ein Knabe und zog mit den Kameraden meiner Schulzeit aus, um Schmetterlinge zu fangen oder einen

Fischotter zu belauschen, oder meine Gesellschaft bestand aus den Lieblingsfiguren meiner Bücher, es ritten Almansor und Parzival, Witiko oder Goldmund neben mir, oder Sancho Pansa, oder wir waren bei den Barmekiden zu Gast. Fand ich mich dann in irgendwelchem Tale wieder zu unsrer Gruppe zurück, hörte die Bundeslieder und lagerte dem Führerzelt gegenüber, so ward mir alsbald klar, daß mein Weg in die Kindheit oder mein Ritt mit Sancho notwendig mit zu dieser Reise gehörten; denn unser Ziel war ja nicht nur das Morgenland, oder vielmehr: unser Morgenland war ja nicht nur ein Land und etwas Geographisches, sondern es war die Heimat und Jugend der Seele, es war das Überall und Nirgends, war das Einswerden aller Zeiten. Doch wurde mir dies nur je und je für einen Augenblick bewußt, und darin eben bestand das große Glück, das ich damals genoß. Denn später, sobald dies Glück mir wieder verlorengegangen war, sah ich diese Zusammenhänge deutlich ein, ohne doch den mindesten Nutzen oder Trost davon zu haben. Wenn etwas Köstliches und Unwiederbringliches dahin ist, dann haben wir wohl das Gefühl, aus einem Traum erwacht zu sein. In meinem Falle ist dies Gefühl unheimlich richtig. Denn mein Glück bestand tatsächlich aus dem gleichen Geheimnis wie das Glück der Träume, es bestand aus der Freiheit, alles irgend Erdenkliche gleichzeitig zu erleben, Außen und Innen spielend zu vertauschen, Zeit und Raum wie Kulissen zu verschieben. So wie wir Bundesbrüder ohne Auto oder Schiff die Welt durchreisten, wie wir die vom Kriege erschütterte Welt durch unsern Glauben bezwangen und zum Paradiese machten, so riefen wir das Gewesene, das Zukünftige, das Erdichtete schöpferisch in den gegenwärtigen Augenblick. Und immer wieder, in Schwaben, am Bodensee, in der Schweiz und überall, begegneten uns Menschen, die uns verstanden oder die uns doch auf irgendeine Weise dafür dankbar waren, daß es uns und unsern Bund und unsre Morgenlandfahrt gab. Wir haben, mitten zwischen den Trambahnen und Bankhäusern von Zürich, die Arche Noah angetroffen, bewacht von mehreren alten Hunden, welche alle den gleichen Rufnamen hatten, und tapfer durch die Untiefen einer nüchternen Zeit gesteuert von Hans C., dem Nachkommen der Noachide, dem Freund der Künste, und wir waren in Winterthur, eine Treppe tief unter Stoecklins Zauberkabinett, im chinesischen Tempel zu Gast, wo unter der bronzenen Maja die Räucherstäbchen glühten und zum bebenden Ton des Tempelgongs der schwarze König zart die Flöte blies. Und am Fuße des Sonnenbergs stießen wir auf Suon Mali, eine Kolonie des Königs von Siam, wo wir zwischen den steinernen und ehernen Buddhas, dankbare Gäste, unsre Trank- und Rauchopfer darbrachten.

Eines der schönsten Erlebnisse war die Bundesfeier in Bremgarten, dicht war da der magische
Kreis um uns geschlossen. Von den Schloßherren
Max und Tilli empfangen, hörten wir Othmar im
hohen Saale auf dem Flügel Mozart spielen, fan-
den den Park von Papageien und andern sprechen-
den Tieren bevölkert, hörten am Springbrunnen
die Fee Armida singen, und mit wehender Locke
nickte das schwarze Haupt des Sterndeuters Longus neben dem lieben Antlitz Heinrichs von Ofter-
dingen. Im Garten schrien die Pfauen, und Louis
unterhielt sich auf Spanisch mit dem gestiefelten
Kater, während Hans Resom, erschüttert durch
seine Einblicke in das Maskenspiel des Lebens,
eine Wallfahrt an das Grab Karls des Großen
gelobte. Es war eine der Triumphzeiten unsrer
Fahrt: wir hatten die Zauberwelle mitgebracht, sie
spülte alles fort, die Eingeborenen huldigten auf
Knien der Schönheit, der Schloßherr trug ein
Gedicht vor, das von unsern Abendtaten handelte, dicht gedrängt um die Schloßmauern lausch-
ten die Tiere des Waldes, und im Flusse bewegten
sich blinkend in feierlichen Zügen die Fische und
wurden mit Backwerk und Wein bewirtet.
Gerade diese besten Erlebnisse lassen sich eigentlich nur dem erzählen, welcher selbst von ihrem
Geist berührt war; sie klingen in meiner Darstellung arm und vielleicht töricht; aber jeder, der die
Tage von Bremgarten miterlebt und gefeiert hat,

wird mir jede Einzelheit bestätigen und durch hundert schönere ergänzen. Wie beim Mondaufgang aus den hohen Bäumen die Schweife der Pfauen schimmerten, und am beschatteten Ufer zwischen den Felsen die emportauchenden Wasserfrauen süß und silbern glänzten, und einsam unterm Kastanienbaume beim Brunnen der hagere Don Quixote stand und die erste Nachtwache hielt, indessen überm Schloßturm die letzten Leuchtkugeln des Feuerwerks so sanft in die Mondnacht sanken, und mein Kollege Pablo, mit Rosen bekränzt, vor den Mädchen die persische Rohrflöte spielte, wird mir immer im Gedächtnis bleiben. Oh, wer von uns hätte gedacht, daß der Zauberkreis so bald zerbrechen, daß fast alle von uns – und auch ich, auch ich! – uns wieder in die klanglosen Öden der abgestempelten Wirklichkeit verirren würden, so wie Beamte und Ladendiener nach einem Gelage oder Sonntagsausflug sich ernüchtert wieder in den Alltag der Geschäfte ducken!

In jenen Tagen war keiner von uns solcher Gedanken fähig. Im Schloßturm von Bremgarten duftete mir der Flieder ins Schlafzimmer, durch die Bäume hindurch hörte ich den Fluß rauschen, durchs Fenster stieg ich in tiefer Nacht, von Glück und Sehnsucht trunken, schlich am wachenden Ritter und an eingeschlafenen Zechern vorüber zum Ufer hinab, zu den rauschenden Wassern, zu den weißen leuchtenden Meerjungfern, und sie nahmen mich mit sich hinab in die mondkühle Kristallwelt ihrer Heimat, wo sie unerlöst und träumerisch mit den Kronen und Goldketten ihrer Schatzkammern spielen. Monate schienen mir in der funkelnden Tiefe zu vergehen, und als ich emportauchte und tief durchkühlt ans Ufer schwamm, da klang noch immer Pablos Rohrflöte fern aus den Gärten, und noch immer stand hoch am Himmel der Mond. Ich sah Leo mit zwei weißen Pudeln spielen, sein kluges Knabengesicht strahlte vor Freude. Ich fand Longus im Gehölze sitzen, ein pergamentenes Buch auf den Knien, in das er griechische und hebräische Zeichen schrieb: Worte, aus deren Buchstaben Drachen flogen und farbige Schlangen sich bäumten. Er sah mich nicht, er malte versunken seine bunte Schlangenschrift, lange blickte ich über seine gebeugten Schultern in das Buch, sah die Schlangen und Drachen aus den Zeilen quellen, sich wälzen, sich lautlos ins nächtliche Gebüsch verlieren. »Longus«, sagte ich leise, »lieber Freund!« Er hörte mich nicht, meine Welt war ihm fern, er war versunken. Und abseits unter den Mondbäumen wandelte Anselm, eine Schwertlilie in der Hand, verloren starrte er und lächelnd in den violetten Kelch der Blüte.

Etwas, was ich schon mehrmals auf unsrer Fahrt beobachtet hatte, ohne doch richtig darüber nachgedacht zu haben, fiel mir in den Bremgartner Tagen wieder auf, wunderlich und ein wenig schmerzlich. Es waren unter uns viele Künstler, viele Maler, Musikanten, Dichter, es war der glühende Klingsor da und der unstete Hugo Wolf, der wortkarge Lauscher und der glänzende Brentano – aber mochten auch diese Künstler, oder einige von ihnen, sehr lebendig und liebenswerte Gestalten sein, so waren die von ihnen erdachten Figuren doch ohne Ausnahme viel lebendiger, schöner, froher und gewissermaßen richtiger und wirklicher als die Dichter und Schöpfer selber. Pablo saß da in entzückender Unschuld und Lebenslust mit seiner Flöte, sein Dichter aber schlich schattenhaft, vom Mond halb durchschienen, am Ufer hin und suchte Einsamkeit. Flakkernd und ziemlich betrunken lief Hoffmann zwischen den Gästen hin und wider, viel sprechend, klein, koboldisch, und auch er war, wie sie alle, an Gestalt nur halbwirklich, nur halbvorhanden, nicht ganz dicht, nicht ganz echt, während der Archivar Lindhorst, zum Spaße den Drachen spielend, mit jedem Atemzug Feuer schnob und Kraft aushauchte wie ein Automobil. Ich fragte den Diener Leo, warum das wohl so sei, daß die Künstler manchmal nur wie halbe Menschen erschienen, während ihre Bilder so unwiderleglich lebendig aussähen. Leo sah mich an, verwundert über meine Frage. Dann ließ er den Pudel los, den er auf dem Arm getragen hatte, und sagte: »Bei den Müttern ist es auch so. Wenn sie die Kinder geboren und ihnen ihre Milch und ihre Schönheit und Kraft mitgegeben haben, dann werden sie selber unscheinbar, und es fragt niemand mehr nach ihnen.«

»Das ist aber traurig«, sagte ich, ohne eigentlich viel dabei zu denken.

»Ich denke, es ist nicht trauriger als alles andre auch«, sagte Leo, »es ist vielleicht traurig, und es ist auch schön. Das Gesetz will es so.«

»Das Gesetz?« fragte ich neugierig. »Was ist das für ein Gesetz, Leo?«

»Es ist das Gesetz vom Dienen. Was lange leben will, muß dienen. Was aber herrschen will, das lebt nicht lange.«

»Warum streben dann so viele nach Herrschaft?«

»Weil sie es nicht wissen. Es gibt wenige, die zum Herrschen geboren sind, sie bleiben dabei fröhlich und gesund. Die andern aber, die sich bloß durch Streberei zu Herren gemacht haben, die enden alle im Nichts.«

»In welchem Nichts, Leo?«

»Zum Beispiel in den Sanatorien.«

Ich verstand wenig davon, und dennoch blieben die Worte mir im Gedächtnis, und im Herzen blieb mir ein Gefühl, daß dieser Leo allerlei wisse, daß er vielleicht mehr wisse als wir andern, die scheinbar seine Herren waren.

II

Was es war, das unsern treuen Leo bestimmte, uns mitten in der gefährlichen Schlucht von Morbio Inferiore plötzlich zu verlassen, darüber hat wohl jeder Teilnehmer an dieser unvergeßlichen Reise sich seine Gedanken gemacht, und erst viel später begann ich die wahren Hergänge und tieferen Zusammenhänge dieses Ereignisses einigermaßen zu ahnen und zu überblicken, und es zeigte sich, daß auch dieses scheinbar nebensächliche, in Wirklichkeit tief einschneidende Abenteuer, das Verschwinden Leos, keineswegs ein Zufall, sondern ein Glied in jener Kette von Verfolgungen war, durch welche der Erbfeind unser Unternehmen zum Scheitern zu bringen suchte. An jenem kühlen Herbstmorgen, als das Fehlen unsres Dieners Leo entdeckt wurde und alles Forschen nach seinem Verbleib erfolglos blieb, war ich gewiß nicht der einzige, der zum erstenmal etwas wie eine Ahnung von Unheil und drohendem Verhängnis im Herzen spürte.

Genug, für den Augenblick war die Lage diese: Wir lagerten, nachdem wir in kühnem Zuge halb Europa und einen Teil des Mittelalters durchquert hatten, in einem tiefeingeschnittenen Felsental, einer wilden Bergschlucht an der italienischen Grenze, und suchten nach dem unerklärlicherweise verlorengegangenen Diener Leo, und je länger wir ihn suchten und je mehr im Laufe des Tages unsre Hoffnung schwand, ihn wieder aufzufinden, desto mehr fühlte sich jeder von uns von dem beklemmenden Gefühl durchdrungen, es sei da nicht nur ein beliebter und angenehmer Mann aus unsrer Dienerschaft entweder verunglückt oder entlaufen oder uns durch Feinde geraubt worden, sondern es sei dies der Beginn eines Kampfes, das erste Anzeichen eines Sturmes, der über uns hereinbrechen werde. Den ganzen Tag bis in die tiefe Dämmerung verwandten wir auf die Nachforschungen nach Leo, die ganze Schlucht wurde abgesucht, und während diese Bemühungen uns ermüdeten und eine Stimmung von Erfolglosigkeit und Vergeblichkeit in uns allen wuchs, war es wunderlich und unheimlich, wie von Stunde zu Stunde der verlorengegangene Diener an Wichtigkeit, unser Verlust an Schwere zuzunehmen schien. Nicht nur tat es jedem von uns Pilgern, und ohne Zweifel auch der gesamten Dienerschaft, um den hübschen, angenehmen und dienstwilligen Jungen leid, sondern er schien, je gewisser uns sein Verlust wurde, auch desto unentbehrlicher zu werden: ohne Leo, ohne sein hübsches Gesicht, ohne seine gute Laune und seinen Gesang, ohne seine Begeisterung für unser großes Unternehmen schien dieses Unternehmen selbst auf geheimnisvolle Weise an Wert zu verlieren.

Mir wenigstens erging es so. Ich hatte während der bisherigen Reisemonate, allen Anstrengungen und manchen kleinen Enttäuschungen zum Trotz, noch niemals einen Moment der inneren Schwäche, des ernstlichen Zweifels erlebt; kein erfolgreicher Feldherr, kein Vogel im Schwalbenzug nach Ägypten konnte seines Zieles, seiner Sendung, konnte der Richtigkeit seines Tuns und Strebens sicherer sein, als ich es auf dieser Reise war. Jetzt aber, an diesem verhängnisvollen Orte, während ich den ganzen blaugoldenen Oktobertag lang immer und immer die Rufe und Signale unsrer Wachen hörte, immer wieder die Rückkehr eines Boten, das Eintreffen einer Meldung mit wachsender Spannung erwartete, um immer wieder enttäuscht zu werden und ratlosen Gesichtern gegenüberzustehen, jetzt spürte ich zum erstenmal im Herzen etwas wie Traurigkeit und Zweifel, und je mehr diese Gefühle in mir stark wurden, desto deutlicher auch fühlte ich, daß es nicht bloß das Wiederfinden Leos war, woran ich den Glauben verlor, sondern es schien alles jetzt unzuverlässig und zweifelhaft zu werden, es drohte alles seinen Wert, seinen Sinn zu verlieren: unsre Kameradschaft, unser Glaube, unser Schwur, unsre Morgenlandfahrt, unser ganzes Leben.

Und sollte ich mich auch täuschen, wenn ich diese Gefühle bei uns allen voraussetze, ja sollte ich nachträglich mich über meine eigenen Gefühle und inneren Erlebnisse täuschen und vieles, was in Wirklichkeit erst viel später erlebt wurde, irrtümlich auf jenen Tag zurückverlegen – so bleibt doch trotz allem die wunderliche Tatsache mit Leos Reisegepäck bestehen! Das war nun in der Tat, über alle persönlichen Stimmungen hinaus, etwas Sonderbares, Phantastisches und zunehmend Beängstigendes: noch während dieses Tages in der Schlucht von Morbio, noch während unsres eifrigen Suchens nach dem Verschwundenen vermißte bald dieser, bald jener von uns irgend etwas Wichtiges, etwas Unentbehrliches im Gepäck, und nichts davon war aufzufinden, und bei jedem vermißten Stück stellte sich heraus, es müsse sich in Leos Gepäck befunden haben, und obwohl Leo, gleich allen unsern Leuten, nur den üblichen leinenen Trägersack auf dem Rücken gehabt hatte, einen einzigen Sack unter damals wohl dreißig andern Säcken, schienen doch in diesem einen, nun verlorengegangenen Sack sich alle wahrhaft wichtigen Dinge befunden zu haben, die wir auf unsrer Reise mit uns führten! Und wenn es nun auch eine bekannte menschliche Schwäche ist, daß uns ein Gegenstand im Augenblick, wo wir ihn vermissen, übertrieben wertvoll und weniger entbehrlich scheint als jeder, den wir in Händen halten, und obwohl in der Tat mancher von jenen Gegenständen, deren Verlust uns damals in der Schlucht von Morbio so sehr beängstigte, entweder nachher doch wieder zum Vorschein kam oder sich am Ende eben als gar nicht so unentbehrlich erwies – trotz alledem ist es eben doch leider wahr, daß wir damals, mit durchaus berechtigter Beunruhigung, den Verlust einer ganzen Reihe von höchst wichtigen Dingen feststellen mußten.

Außerordentlich und unheimlich war ferner dies: Die vermißten Gegenstände, einerlei ob sie sich später wieder vorfanden oder nicht, bildeten ihrer Wichtigkeit nach eine Stufenfolge, und es fand nach und nach von dem Verlorengeglaubten immer gerade das sich wieder in unsern Vorräten vor, was wir mit Unrecht so schwer vermißt und über dessen Wert wir uns sehr getäuscht hatten. Ja, um das Eigentliche und ganz Unerklärbare schon hier ganz klar auszusprechen: Es stellten sich im Lauf der weiteren Reise zu unsrer Beschämung sämtliche in Verlust geratenen Werkzeuge, Kostbarkeiten, Karten und Dokumente als entbehrlich heraus, ja es schien geradezu, als habe damals jeder von uns seine ganze Phantasie angestrengt, um sich unwiederbringliche furchtbare Verluste einzureden, als habe jeder sich bemüht, das ihm am wichtigsten Erscheinende als verloren hinzustellen und zu beweinen: einer die Reisepässe, einer die Landkarten, einer den Kreditbrief an den Kalifen, einer dies, einer jenes. Und am Ende, als Stück um Stück von dem Verlorengeglaubten entweder als gar nicht verloren oder als unwichtig und entbehrlich erkannt war, blieb eigentlich nur eine einzige Kostbarkeit übrig, ein unschätzbar wichtiges und schlechterdings grundlegendes und unentbehrliches Dokument allerdings, das tatsächlich und endgültig verloren war, – aber nun gingen die Meinungen darüber, ob dies mit dem Diener Leo verschwundene Dokument sich überhaupt bei unsrem Gepäck befunden habe, hoffnungslos auseinander. Bestand auch völlige Übereinstimmung über den hohen Wert dieses Dokumentes und über die Unersetzlichkeit seines Verlustes, so wagten doch nur wenige von uns (darunter ich selbst) mit Bestimmtheit zu behaupten, dies Dokument sei von uns mit auf die Reise genommen worden. Der eine versicherte, wir hätten etwas Ähnliches zwar in Leos Leinensack mitgeführt, dies sei aber keineswegs das Originaldokument gewesen, sondern natürlich nur eine Abschrift; andre glaubten darauf schwören zu können, daß niemals daran gedacht worden sei, weder das Dokument selbst noch eine Kopie mit auf die Reise zu nehmen, ja, daß dies dem ganzen Sinn unsrer Reise Hohn gesprochen haben würde. Hitzige Auseinandersetzungen schlossen sich hieran, und weiterhin zeigte sich, daß auch über den Verbleib des Originals (einerlei, ob wir nun die Kopie möchten besessen und verloren haben oder nicht) vielfache, einander durchaus widersprechende Meinungen herrschten. Das

Dokument, so wurde behauptet, sei bei der Regierung im Kyffhäuser deponiert worden. Nein, sagten andre, es liege mitbeigesetzt in jener Urne, welche die Asche unsres verstorbenen Meisters enthält. Unsinn, hieß es dann wieder, der Bundesbrief sei ja vom Meister in der nur ihm allein bekannten Urbildschrift abgefaßt, und er sei mit dem Leichnam des Meisters auf dessen Befehl verbrannt worden, und die Frage nach diesem Urbriefe sei ohne jede Bedeutung, weil er nach des Meisters Tod für kein Menschenauge lesbar gewesen wäre; wohl aber sei es unbedingt notwendig festzustellen, wo sich die vier (andre sagten: sechs) Übersetzungen des Urbriefs befänden, die noch zu des Meisters Lebzeiten und unter seiner Aufsicht seien hergestellt worden. Eine chinesische, hieß es, eine griechische, eine hebräische und eine lateinische Übersetzung habe existiert, und sie seien niedergelegt in den vier alten Hauptstädten. Noch viele Behauptungen und Ansichten tauchten auf, manche bestanden hartnäckig auf den ihren, andre ließen sich bald von diesem, bald von jenem gegnerischen Argument überzeugen, um dann auch die neue Ansicht bald wieder zu wechseln. Kurz, es bestand von damals an keine Sicherheit und Einigkeit mehr in unsrer Gemeinschaft, obwohl die große Idee uns noch immer beisammenhielt.

Ach, wie gut erinnere ich mich jener ersten Streitigkeiten! Sie waren etwas so Neues und Unerhörtes in unsrem bisher unzerstörbar einigen Bunde. Sie wurden mit Achtung und Höflichkeit geführt, wenigstens anfänglich, sie führten zunächst weder zu Handgreiflichkeiten noch zu persönlichen Vorwürfen oder Beleidigungen; vorerst waren wir noch der ganzen Welt gegenüber eine untrennbar vereinigte Brüderschaft. Ich höre die Stimmen noch, ich sehe noch unsern Lagerplatz, an dem die erste dieser Debatten geführt wurde, ich sehe zwischen den ungewohnt ernsten Gesichtern hier und dort die goldenen Herbstblätter niederschweben, sehe eins auf einem Knie, eins auf einem Hute liegenbleiben. Ach, und ich hörte zu, fühlte mich mehr und mehr bedrückt und eingeschüchtert, und war inmitten all der Meinungsäußerungen im Herzen noch völlig meines Glaubens sicher, traurig sicher: daß nämlich im Sacke Leos das Original, der echte alte Bundesbrief enthalten gewesen, und daß er mit ihm verschwunden und verloren sei. So betrübend dieser Glaube sein mochte, er war aber doch ein Glaube, er stand fest und gab eine Sicherheit. Damals freilich dachte ich, daß ich diesen Glauben nur allzu gerne gegen einen hoffnungsvolleren vertauschen würde. Erst später, als ich diesen traurigen Glauben verloren hatte und allen möglichen Meinungen zugänglich geworden war, sah ich ein, was ich an meinem Glauben besessen hatte.

Aber ich sehe, die Sache läßt sich auf diese Weise

nicht erzählen. Aber auf welche Weise wohl ließe sie sich erzählen, diese Geschichte einer einzigartigen Seelengemeinschaft, eines so wunderbar erhöhten und beseelten Lebens? Ich möchte so gerne, als einer der letzten Überlebenden unsrer Kameradschaft, etwas vom Andenken unsrer großen Sache retten; ich erscheine mir wie der überlebende alte Diener etwa eines der Paladine Karls des Großen, welcher in seinem Gedächtnis eine strahlende Reihe von Taten und Wundern bewahrt, deren Bild und Andenken mit ihm dahinschwindet, wenn es ihm nicht gelingt, etwas davon durch Wort oder Bild, durch Bericht oder Lied an die Nachwelt weiterzuleiten. Aber wie nur, durch welchen Kunstgriff wäre es zu ermöglichen, wie wäre die Geschichte unsrer Morgenlandfahrt irgend erzählbar zu machen? Ich weiß es nicht. Schon dieser erste Anfang, dieser in bester Absicht begonnene Versuch führt mich ins Uferlose und Unverständliche. Ich wollte einfach aufzuzeichnen versuchen, was mir vom Verlauf und den einzelnen Begebenheiten unsrer Morgenlandfahrt im Gedächtnis geblieben ist, nichts schien einfacher zu sein. Und nun, da ich noch kaum etwas habe erzählen können, bin ich an einer einzigen kleinen Episode, an die ich ursprünglich gar nicht gedacht hatte, bin ich an der Episode von Leos Verschwinden hängengeblieben und halte statt eines Gewebes ein Bündel von tausend verknoteten Fäden in Händen, welche zu schlichten und zu entwirren hundert Hände für Jahre beschäftigen würde, auch wenn nicht jedes einzelne Fadenstück, sobald man es anfaßt und leise daran ziehen will, so furchtbar spröde wäre und einem zwischen den Fingern abbräche.

Ich kann mir denken, daß es jedem Geschichtsschreiber ähnlich geht, wenn er die Ereignisse irgendeines Zeitlaufs aufzuschreiben beginnt und es mit der Wahrheit ernst meint. Wo ist eine Mitte der Ereignisse, ein Gemeinsames, etwas, worauf sie sich beziehen und was sie zusammenhält? Damit etwas wie Zusammenhang, etwas wie Kausalität, etwas wie Sinn entstehe, damit überhaupt irgend etwas auf Erden erzählbar werde, muß der Geschichtsschreiber Einheiten erfinden: einen Helden, ein Volk, eine Idee, und muß das, was in Wirklichkeit im Namenlosen passiert ist, im Namen dieser erfundenen Einheit geschehen lassen.

Aber wenn schon dies so schwierig ist, eine Anzahl wirklich geschehener und beglaubigter Ereignisse zusammenhängend zu erzählen, so ist es in meinem Fall noch viel schwieriger, denn alles wird zweifelhaft, sobald ich es recht genau betrachten will, alles entwischt und löst sich auf, so wie unsre Gemeinschaft, das Stärkste auf der Welt, sich hat auflösen können. Nirgends ist eine Einheit, eine Mitte, ein Punkt, um den das Rad sich dreht.

Unsre Fahrt nach Morgenland und die ihr

zugrunde liegende Gemeinschaft, unser Bund, ist das Wichtigste, das einzig Wichtige in meinem Leben gewesen, etwas, woneben meine eigene Person vollkommen nichtig erschien. Und jetzt, wo ich dies Wichtigste, oder doch etwas davon, aufzeichnen und festhalten will, ist alles nur eine auseinanderscherbende Masse von Bildern, die sich in einem Etwas gespiegelt haben, und dieses Etwas ist mein eigenes Ich, und dieses Ich, dieser Spiegel erweist sich überall, wo ich ihn befragen will, als ein Nichts, als die oberste Haut einer Glasfläche. Ich lege meine Feder fort, zwar mit der Absicht und Hoffnung, morgen oder ein andres-mal fortzufahren, vielmehr nochmals neu zu beginnen, aber hinter der Absicht und Hoffnung, hinter meinem ganzen unbändigen Drang nach dem Erzählen unsrer Geschichte steht ein tödli-cher Zweifel. Es ist jener Zweifel, der auf der Suche nach Leo im Tal von Morbio begonnen hat. Dieser Zweifel stellt nicht nur die Frage: Ist deine Geschichte denn erzählbar? Er stellt auch noch die Frage: War sie denn erlebbar? Wir erinnern uns an Beispiele, daß sogar die Kämpfer des Weltkrieges, denen es doch wahrlich an Tatsachenberichten, an beglaubigter Geschichte nicht fehlt, zuweilen diese Zweifel haben kennenlernen müssen.

III

Ich habe, seit ich das Vorige schrieb, mein Vorhaben nochmals und abermals in Gedanken umkreist und ihm beizukommen versucht. Eine Lösung habe ich nicht gefunden, ich stehe noch immer dem Chaos gegenüber. Aber ich habe mir das Wort gegeben, nicht nachzulassen, und im Augenblick, da ich dies Gelübde ablegte, überflog mich wie ein Sonnenstrahl eine glückliche Erinnerung. Ähnlich nämlich, so fiel mir ein, ganz ähnlich wie jetzt empfand ich damals in meinem Herzen, als wir unsere Heerfahrt angetreten haben: auch da unternahmen wir etwas anscheinend Unmögliches, auch da gingen wir scheinbar im Dunkel und richtungslos und hatten nicht die mindeste Aussicht, und doch strahlte in unsern Herzen, stärker als jede Wirklichkeit oder Wahrscheinlichkeit, der Glaube an den Sinn und die Notwendigkeit unsres Tuns. Wie ein Schauer lief mir der Nachklang jener Empfindung übers Herz, und für den Augenblick dieses seligen Schauers war alles erhellt, schien alles wieder möglich.

Mag es nun gehen, wie es wolle: ich habe beschlossen, meinen Willen durchzusetzen. Auch wenn ich meine unerzählbare Geschichte zehnmal, hundertmal von vorn beginnen muß und immer an denselben Abgrund gerate, ich werde eben hundertmal neu beginnen; ich werde, wenn ich schon die Bilder nicht wieder in ein sinnvolles Ganzes bringe, jedes einzelne Bildbruchstück so treu wie möglich festhalten. Und ich werde, soweit dies heute noch irgend möglich ist, dabei des ersten Grundsatzes unsrer großen Zeit eingedenk sein: niemals zu rechnen, niemals mich durch Vernunftgründe verblüffen zu lassen, stets den Glauben stärker zu wissen als die sogenannte Wirklichkeit.

Einen Versuch, das muß ich freilich bekennen, habe ich inzwischen gemacht, meinem Ziel auf praktische und vernünftige Art näherzukommen. Ich habe einen Jugendfreund aufgesucht, der hier in der Stadt lebt und eine Zeitung redigiert, er heißt Lukas; er hat den Weltkrieg mitgemacht und ein Buch darüber verfaßt, das viel gelesen wird. Lukas empfing mich freundlich, ja er hatte sichtlich eine Freude daran, einen einstigen Schulkameraden wiederzusehen. Ich habe zwei längere Unterredungen mit ihm gehabt.

Ich versuchte ihm begreiflich zu machen, um was es mir gehe. Ich verschmähte dabei alle Umwege. Offen sagte ich ihm, ich sei einer der Teilnehmer an jener großen Unternehmung, von welcher ja auch er gehört haben müsse, an der sogenannten »Morgenlandfahrt« oder dem Bundesheerzug, oder wie immer die große Sache damals in der Öffentlichkeit bezeichnet werden mochte. O ja, lächelte er mit freundlicher Ironie, gewiß erinnere er sich dieser Sache, in seinem Freundeskreise nenne man jene eigentümliche Episode, vielleicht ein wenig allzu respektlos, meistens den »Kinderkreuzzug«. Man habe in seinen Kreisen diese Bewegung nicht ganz ernst genommen, man habe sie etwa einer theosophischen Bewegung oder irgendeiner Völkerverbrüderungsunternehmung gleichgestellt, immerhin sei man über einzelne Erfolge unsrer Unternehmung sehr erstaunt gewesen, man habe mit Ergriffenheit von der todesmutigen Durchquerung Oberschwabens, von dem Triumph in Bremgarten, von der Übergabe des Tessiner Montags-Dorfes gelesen und habe zeitweise den Gedanken erwogen, ob die Bewegung sich nicht in den Dienst einer republikanischen Politik möchte abbiegen lassen. Dann allerdings sei die Sache ja anscheinend im Sande verlaufen, mehrere der einstigen Führer hätten sie verlassen, ja sich ihrer irgendwie geschämt und nicht mehr erinnern wollen, die Nachrichten seien immer spärlicher geflossen und hätten einander immer wunderlicher widersprochen, und so sei das Ganze eben ad acta gelegt und vergessen worden wie so manche politische, religiöse oder künstlerische exzentrische Bewegung jener Nachkriegsjahre. Damals sei ja so mancher Prophet erstanden, so manche geheime Gesellschaft mit messianischen Hoffnungen und Ansprüchen erschienen und dann wieder spurlos untergesunken.

Gut, sein Standpunkt war klar, es war der Standpunkt einer wohlwollenden Skepsis. Ähnlich wie Lukas mochten über den Bund und die Morgenlandfahrt alle jene denken, die zwar von seiner Geschichte gehört hatten, am Erlebnis selbst aber nicht beteiligt waren. Es lag mir nichts daran, Lukas bekehren zu wollen, doch gab ich ihm immerhin einige korrigierende Auskünfte, zum Beispiel daß unser Bund keineswegs eine Erscheinung der Nachkriegsjahre ist, sondern durch die ganze Weltgeschichte in einer zwar manchmal unterirdischen, nie aber unterbrochenen Linie läuft, daß auch gewisse Phasen des Weltkrieges nichts andres gewesen sind als Etappen unsrer Bundesgeschichte, ferner daß Zoroaster, Lao Tse, Platon, Xenophon, Pythagoras, Albertus Magnus, Don Quixote, Tristram Shandy, Novalis, Baudelaire Mitbegründer und Brüder unsres Bundes gewesen sind. Er lächelte dazu genau das Lächeln, das ich erwartet hatte.

»Schön«, sagte ich, »ich bin nicht gekommen, um Sie zu belehren, sondern um bei Ihnen zu lernen. Es ist mein sehnlichstes Verlangen, nicht etwa eine Geschichte des Bundes zu schreiben (dazu wäre auch ein ganzes Heer von wohlausgerüsteten Gelehrten nicht imstande), wohl aber ganz schlicht die Geschichte unsrer Reise zu erzählen. Es will mir aber durchaus nicht gelingen, auch nur an die Sache heranzukommen. Es liegt nicht an der literarischen Fähigkeit, diese glaube ich zu besitzen, bin übrigens hierin ohne allen Ehrgeiz. Nein, es handelt sich um folgendes: Die Wirklichkeit, welche ich samt meinen Kameraden einst erlebt habe, ist nicht mehr vorhanden, und obwohl die Erinnerungen daran das Wertvollste und Lebendigste sind, was ich besitze, scheinen sie doch so fern, sind so sehr aus einem anderen Stoff, als wären sie auf anderen Sternen in anderen Jahrtausenden geschehen, oder als wären sie Fieberträume gewesen.«

»Das kenne ich!« rief Lukas lebhaft, jetzt erst begann unser Gespräch ihn zu interessieren. »O wie gut kenne ich das! Sehen Sie, genau ebenso ist es mir mit dem Erlebnis des Krieges gegangen. Ich glaubte ihn gut und scharf erlebt zu haben, ich war zum Bersten voll von Bildern, die Filmrolle in meinem Gehirn schien tausend Kilometer lang zu sein – aber als ich am Schreibtisch saß, auf einem Stuhl, an einem Tisch, unter einem Dach, eine Feder in der Hand, da waren die wegrasierten Dörfer und Wälder, das Erdbebenzittern im Trommelfeuer, das Geknäuel von Dreck und Größe, von Angst und Heldentum, von zerfetzten Bäuchen und Köpfen, von Todesfurcht und Galgenhumor – da war das alles ganz unsäglich weit fort, war nur geträumt, hatte zu nichts Beziehung und war nirgends zu fassen. Sie wissen, daß ich schließlich trotzdem mein Kriegsbuch geschrieben habe und daß es jetzt viel gelesen und besprochen wird. Aber sehen Sie: Ich glaube nicht daran, daß zehn solche Bücher, jedes zehnmal besser und eindringlicher als das meine, dem wohlmeinendsten Leser irgendeine Vorstellung vom Kriege geben können, wenn der Leser den Krieg nicht selber erlebt hat. Und es sind nicht so sehr viele, die ihn erlebt haben. Auch von denen, die ihn ›mitgemacht‹ haben, haben längst nicht alle ihn erlebt. Und selbst wenn viele ihn wirklich erlebt haben sollten – sie haben ihn dann eben wieder vergessen. Vielleicht hat der Mensch nächst dem Hunger nach Erlebnis keinen stärkeren Hunger als den nach Vergessen.«

Er schwieg und sah versponnen und versunken aus, seine Worte hatten mir eigene Erfahrungen und Gedanken bestätigt.

Vorsichtig fragte ich nach einer Weile: »Aber wie war es Ihnen trotzdem möglich, das Buch zu schreiben?«

Er besann sich einen Augenblick, aus Gedanken zurückkehrend. »Es war mir bloß darum möglich«, sagte er, »weil es notwendig war. Ich mußte entweder das Buch schreiben oder verzweifeln, es war die einzige Möglichkeit meiner Rettung vor dem Nichts, vor dem Chaos, vor dem Selbstmord. Unter diesem Druck ist das Buch geschrieben, und es hat mir die erwartete Rettung gebracht, einfach weil es geschrieben ist, einerlei wie gut oder wie schlecht. Das war das eine, die Hauptsache. Und dann: beim Schreiben durfte ich nicht einen Augenblick an andere Leser denken als an mich selber oder höchstens hie und da an einen nahen Kriegskameraden, und zwar dachte ich dann nie an Überlebende, sondern immer an solche, die im Krieg umgekommen waren. Ich war während des Schreibens ein Fieberkranker oder Irrsinniger, umgeben von drei, vier Toten mit verstümmelten Leibern – so ist das Buch entstanden.«

Und plötzlich sagte er - es war der Schluß unsrer ersten Unterredung: »Entschuldigen Sie, ich kann nicht mehr darüber sagen. Nein, kein Wort, kein einziges Wort. Ich kann nicht, ich will nicht. Auf Wiedersehen!«

Er schob mich hinaus.

Bei der zweiten Zusammenkunft war er wieder ruhig und kühl, hatte wieder das leicht ironische Lächeln und schien doch mein Anliegen ernst zu nehmen und recht gut zu begreifen. Er gab mir einige wenige Ratschläge, die mir auch ein klein wenig genützt haben. Und am Ende dieser zweiten und letzten Unterredung sagte er wie nebenbei: »Hören Sie, Sie kommen immer und immer wieder auf die Episode mit jenem Diener Leo zurück, das gefällt mir nicht, dort scheint eine Klippe für Sie zu liegen. Machen Sie sich frei, werfen Sie Leo über Bord, er scheint eine fixe Idee werden zu wollen.«

Ich wollte erwidern, daß man ohne fixe Ideen keine Bücher schreiben könne, aber er hörte nicht auf mich. Statt dessen erschreckte er mich mit der ganz unerwarteten Frage: »Hieß er denn wirklich Leo?«

Mir stand der Schweiß auf der Stirn.

»Aber ja«, sagte ich, »gewiß hieß er Leo.«

»Mit Vornamen?«

Ich stutzte.

»Nein, mit Vornamen hieß er – er hieß – ich weiß nicht mehr, ich habe es vergessen. Leo war sein Geschlechtsname, wir alle nannten ihn nie anders.«

Während ich noch sprach, hatte Lukas ein dickes Buch von seinem Schreibtisch gegriffen und blätterte darin. Mit fabelhafter Schnelligkeit hatte er gefunden und hielt den Finger auf eine Stelle der aufgeschlagenen Buchseite gedrückt. Es war ein Adreßbuch, und da, wo sein Finger auflag, stand der Name Leo.

»Sehen Sie«, lachte er, »da haben wir schon einen Leo. Leo, Andreas, Seilergraben 69 a. Der Name ist selten, vielleicht weiß der Mann etwas über Ihren Leo. Gehen Sie zu ihm, er kann Ihnen vielleicht das sagen, was Sie brauchen. Ich kann es Ihnen nicht sagen. Meine Zeit ist knapp, entschuldigen Sie, es hat mich sehr gefreut.«

Ich taumelte vor Verblüfftheit und Erregung, als ich seine Tür hinter mir zumachte. Er hatte recht, ich hatte nichts mehr bei ihm zu suchen.

Noch am selben Tage ging ich in den Seilergraben, suchte das Haus und erkundigte mich nach Herrn Andreas Leo. Er bewohnte ein Zimmer im dritten Stockwerk, abends und am Sonntag sei er manchmal zu Hause, tagsüber gehe er auf Arbeit. Ich fragte nach seinem Beruf. Er treibe dies und jenes, hieß es, er verstehe sich auf Nägelschneiden, Fußpflege und Massage, mache auch Heilsalben und Kräuterkuren; in schlechten Zeiten, wo wenig zu tun sei, gebe er sich auch zuweilen damit ab, Hunde zu dressieren und zu scheren. Ich ging wieder fort und kam zu dem Entschluß, diesen Mann lieber nicht aufzusuchen oder doch ihm nichts von meinen Absichten zu sagen. Wohl aber fühlte ich große Neugierde, ihn zu sehen. Darum beobachtete ich das Haus in den nächsten Tagen auf häufigen Spaziergängen und werde auch heute wieder hingehen, denn bisher ist es mir noch nicht geglückt, Andreas Leo zu Gesicht zu bekommen. Ach, die ganze Sache treibt mich bis zur Verzweiflung um und macht mich dabei auch glücklich, oder doch erregt, gespannt, sie macht mir mich und mein Leben wieder wichtig, und daran hatte es sehr gefehlt.

Es ist möglich, daß jene Praktiker und Psychologen recht haben, die alles menschliche Tun aus egoistischen Trieben ableiten. Ich kann zwar nicht ganz einsehen, warum ein Mensch, der sein Leben lang einer Sache dient, der sein Vergnügen und Wohlergehen vernachlässigt und sich für irgend etwas opfert, damit wirklich das gleich tun soll wie ein Mensch, der mit Sklaven oder mit Munition handelt und die Erträge mit Wohlleben durchbringt; aber ohne Zweifel würde ich im Wortgefecht mit einem solchen Psychologen sofort den kürzeren ziehen und überführt werden, denn Psychologen sind ja Menschen, welche stets den längeren ziehen. Meinetwegen, mögen sie recht haben. Dann ist eben auch alles das, was ich für gut und schön hielt und wofür ich Opfer brachte, nur ein egoistisches Wunschziel von mir gewesen. Bei meinem Plan, so etwas wie eine Geschichte der Morgenlandfahrt zu schreiben, sehe ich allerdings den Egoismus mit jedem Tage deutlicher: zuerst schien mir, als unternähme ich da eine mühevolle Arbeit im Dienst einer edlen Sache, aber mehr und mehr sehe ich, daß ich mit meiner Reisebeschreibung nichts andres anstrebe als Herr Lukas mit seinem Kriegsbuch: nämlich mir das Leben zu retten, indem ich ihm wieder einen Sinn gebe.

Wenn ich nur den Weg sähe! Wenn es nur einen einzigen Schritt vorwärts ginge!

»Werfen Sie Leo über Bord, befreien Sie sich von Leo!« hat Lukas mir gesagt. Ebensogut könnte ich meinen Kopf oder meinen Magen über Bord werfen und mich von ihm befreien!

Lieber Gott, hilf mir ein wenig!

IV

Jetzt sieht wieder alles anders aus, und ich weiß noch nicht, ist meine Sache dadurch eigentlich gefördert worden oder nicht, aber ich habe etwas erlebt, es ist mir etwas begegnet, was ich niemals erwartet – – – oder nein, hatte ich es nicht dennoch erwartet, hatte ich es nicht vorgefühlt, gehofft und ebensosehr gefürchtet? Ja, das hatte ich. Und doch bleibt es wunderbar und unwahrscheinlich genug.

Ich war manche Male, zwanzigmal oder mehr, zu den mir günstig scheinenden Stunden durch den Seilergraben gegangen und viele Male am Haus Nr. 69 a vorübergeschlendert, die letzten Male immer mit dem Gedanken: »Jetzt probiere ich es noch ein einziges Mal, und wenn es nichts ist, komme ich nie wieder.« Nun, ich kam dennoch immer wieder, und vorgestern abend ist mein Wunsch in Erfüllung gegangen. Oh, und wie ist er in Erfüllung gegangen!

Als ich mich dem Hause näherte, in dessen graugrünem Bewurf ich nun schon jeden Sprung und Spalt kannte, hörte ich aus einem der oberen Fenster die Melodie eines kleinen Liedes oder Tanzes, eines Gassenhauers, mit den Lippen gepfiffen. Ich wußte noch nichts, aber ich horchte auf, die Töne mahnten mich, und irgendeine Erinnerung begann sich in mir aus dem Schlaf zu arbeiten. Es war eine banale Musik, aber es waren wunderbar süße, leicht und anmutig geatmete Töne, welche dieser Pfeifer mit seinen Lippen hervorbrachte, ungemein reinlich, wohlig und naturhaft anzuhören wie Vogeltöne. Ich stand und horchte, bezaubert und zugleich von innen her sonderbar bedrängt, ohne aber irgendeinen Gedanken dabei zu haben. Oder wenn ich doch einen hatte, war es etwa der, das müsse ein sehr glücklicher und sehr liebenswerter Mensch sein, der auf diese Art zu pfeifen wisse. Manche Minuten stand ich gebannt auf der Gasse still und lauschte. Ein alter Mann ging vorbei, mit einem eingesunkenen Krankengesicht, der sah mich so stehen, horchte ebenfalls, nur einen Augenblick, dann lächelte er mir im Weitergehen verstehend zu, sein schöner weitsichtiger Greisenblick sagte etwa: »Bleib du nur stehen, Mann, so hört man nicht alle Tage pfeifen.« Der Blick des Alten hatte mir das Gemüt erhellt, es tat mir leid, daß er weiterging. Zugleich aber merkte ich in dieser Sekunde, daß ja dieses Pfeifen die Erfüllung all meiner Wünsche sei, daß der Pfeifende Leo sein müsse.

Es dämmerte schon, doch brannte noch in keinem Fenster Licht. Die Melodie mit ihren naiven Variationen war zu Ende, es wurde still. »Jetzt wird er oben Licht machen«, dachte ich, es blieb jedoch alles dunkel. Und jetzt hörte ich oben eine Tür gehen und hörte bald auch Schritte im Treppenhaus, das Haustor ging sachte auf, und es kam jemand herausgegangen, und sein Gang war von der gleichen Art wie vorher sein Pfeifen: leicht, spielerisch, aber straff, gesund und jugendlich. Es war ein nicht großer, aber sehr schlanker Mann mit bloßem Kopf, der da ging, und jetzt erkannte ihn mein Gefühl mit Sicherheit: es war Leo, nicht nur der Leo vom Adreßbuch, es war Leo selber, unser lieber Reisekamerad und Diener Leo, der damals, vor zehn oder mehr Jahren, uns durch sein Verlorengehen so sehr in Betrübnis und Verlegenheit gebracht hatte. Beinahe hätte ich im Augenblick der ersten Freude und Überraschung ihn angerufen. Und nun erinnerte ich mich auch, jetzt erst, daß ich sein Pfeifen ja auch damals, auf der Morgenlandfahrt, so viele Male gehört hatte. Es waren die Töne von damals, und wie wunderlich anders klangen sie mir doch! Ein Wehgefühl ging mir wie ein Schnitt durchs Herz: O wie anders war alles seit damals geworden, der Himmel, die Luft, die Jahreszeiten, die Träume, der Schlaf, der Tag und die Nacht! Wie tief und wie schrecklich hatte sich alles für mich verändert, wenn mich der Ton eines Pfeifenden, der Takt eines bekannten Schrittes, nur durch die Erinnerung an das verlorene Einstmals, so im Innersten treffen, mir so wohl und so weh tun konnte!

Der Mann ging nahe an mir vorbei, elastisch und heiter trug er seinen bloßen Kopf auf bloßem Halse, der aus einem offenen blauen Hemd herauskam, hübsch und fröhlich wehte die Gestalt die abendliche Gasse hinab, kaum hörbar, auf dünnen Sandalen oder Turnschuhen. Ich folgte ihm, ohne irgendeine Absicht, wie hätte ich ihm nicht folgen sollen! Er ging die Gasse hinab, und wenn sein Schritt auch leicht und mühelos und jugendlich war, er war doch abendlich, er war vom selben Klang wie die Dämmerung, er war befreundet und eins mit der Stunde, mit den gedämpften Lauten vom Stadtinnern her, mit dem Halblicht der ersten Laternen, welche eben zu leuchten begannen.

In die kleinen Anlagen beim St.-Pauls-Tor bog er ein, verschwand zwischen den hohen runden Gebüschen, und ich beeilte mich, daß er mir nicht verlorengehe. Da war er wieder, langsam schlenderte er unter den Fliederbüschen und Akazien hin. Der Weg schlängelte sich in zwei Schleifen durch das kleine Gehölz, ein paar Bänke stehen da am Rand des Rasens. Hier unter den Bäumen war es schon recht dunkel. Leo ging an der ersten Bank vorbei, es saß ein Liebespaar auf ihr, die nächste Bank war leer, hier setzte er sich, lehnte sich an, ließ den Kopf nach hinten hängen und schaute eine Weile in das Laub und zu den Wolken hinauf. Dann holte er aus einer Rocktasche eine kleine runde Dose heraus, eine Dose aus weißem Metall, stellte sie neben sich auf die Bank, schraubte den Deckel ab und begann, langsam irgend etwas aus der Dose herauszufingern, das er in den Mund steckte und mit Behagen aß. Ich war indessen am Eingang des Gehölzes hin und her gegangen; jetzt näherte ich mich seiner Bank und setzte mich ans andere Ende. Er schaute auf, sah mir aus hellen grauen Augen ins Gesicht und aß weiter. Es waren getrocknete Früchte, ein paar Pflaumen und halbe Aprikosen. Er nahm sie eine um die andere mit zwei Fingern, drückte und tastete ein wenig an jeder, steckte sie in den Mund und kaute lange und genießend. Es dauerte eine ganze Weile, bis er die letzte genommen und verzehrt hatte. Jetzt machte er die Dose wieder zu und steckte sie ein, lehnte sich zurück und streckte die Beine lang aus; ich sah jetzt, seine Stoffschuhe hatten Sohlen aus Seilgeflecht.

»Heute nacht wird es Regen geben«, sagte er plötzlich, ich wußte nicht ob zu mir oder zu sich selber.

»Es kann schon sein«, sagte ich etwas befangen, denn wenn er mich schon an Gestalt und Gang bisher nicht erkannt hatte, so konnte es doch sein, vielmehr ich erwartete es beinahe bestimmt, daß er mich jetzt an der Stimme wiedererkennen werde.

Aber nein, er erkannte mich keineswegs, auch nicht an der Stimme, und obwohl das meinem anfänglichen Wunsch entsprach, empfand ich dabei doch eine tiefe Enttäuschung. Er erkannte mich nicht. Während er selbst in zehn Jahren der gleiche geblieben und anscheinend gar nicht gealtert war, stand es mit mir anders, traurig anders.

»Sie können so schön pfeifen«, sagte ich, »ich habe es vorher gehört, drüben am Seilergraben. Es hat mir sehr gefallen. Ich bin nämlich früher Musiker gewesen.«

»Musiker?« sagte er freundlich. »Das ist ein schöner Beruf. Haben Sie ihn denn aufgegeben?«

»Ja, zeitweilig. Ich habe sogar meine Violine verkauft.«

»So? Das ist schade. Sind Sie in Not? Ich meine: sind Sie am Ende hungrig? Ich habe noch Essen zu Hause, ich habe auch ein paar Mark in der Tasche.«

»Ach nein«, sagte ich schnell, »so war es nicht gemeint. Ich bin in ganz guten Verhältnissen, ich habe mehr, als ich brauche. Aber ich danke schön, es ist sehr freundlich von Ihnen, daß Sie mich einladen wollen. Man trifft nicht so oft auf freundliche Menschen.«

»Meinen Sie? Nun, es mag sein. Die Menschen sind verschieden, oft sind sie recht sonderbar. Auch Sie sind sonderbar.«

»Ich? Warum denn?«

»Nun, wenn Sie Geld genug haben und doch Ihre Geige verkaufen! Haben Sie denn keine Freude mehr an der Musik?«

»O ja. Aber es kommt doch zuweilen vor, daß ein Mensch die Freude an etwas verliert, was ihm vorher lieb war. Es kommt vor, daß ein Musiker seine Geige verkauft oder an die Wand wirft, oder daß ein Maler alle seine Bilder eines Tages verbrennt. Haben Sie nie von so etwas gehört?«

»Ja, schon. Es ist dann aus Verzweiflung. Das kommt vor. Ich habe auch zwei gekannt, die sich selber umgebracht haben. Dumme Menschen gibt es, sie können einem leid tun. Manchen kann man eben nicht helfen. – Aber was tun Sie denn jetzt, wenn Sie Ihre Geige nicht mehr haben?«

»Ach, dies und jenes. Ich tue eigentlich nicht viel, ich bin nicht mehr jung, und ich bin auch oft krank. Warum sprechen Sie denn immer von dieser Geige? Es ist doch nicht so wichtig.«

»Von der Geige? Da habe ich an den König David gedacht.«

»Wie? An den König David? Was hat denn der damit zu tun?«

»Er ist auch Musiker gewesen. Als er ganz jung war, hat er dem König Saul Musik gemacht und hat ihm manchmal seine böse Laune weggespielt. Und nachher ist er selber König geworden, so ein großer sorgenvoller König mit allerlei Launen und Plagen. Er hat eine Krone getragen und hat Kriege geführt und alles das, und manche richtige Gemeinheiten hat er auch begangen, und ist sehr berühmt geworden. Aber wenn ich an seine

Geschichte denke, dann ist das Schönste von allem der junge David mit seiner Harfe, und wie er dem armen Saul Musik gemacht hat, und ich finde es schade, daß er nachher König geworden ist. Er war viel glücklicher und hübscher, als er noch Musikant war.«

»Gewiß«, rief ich, etwas eifrig. »Gewiß war er damals jünger und hübscher und glücklicher. Aber der Mensch bleibt nicht ewig jung, und Ihr David wäre mit der Zeit älter und häßlicher und sorgenvoller geworden, auch wenn er Musikant geblieben wäre. Und dafür ist er der große David geworden, er hat seine Taten getan und hat seine Psalmen gedichtet. Das Leben ist doch nicht bloß ein Spiel!«

Leo erhob sich jetzt und grüßte.

»Es wird Nacht«, sagte er, »und es wird bald regnen. Ich weiß nicht mehr viel von den Taten, die David getan hat, und ob sie eigentlich groß waren. Und auch von seinen Psalmen weiß ich, offen gestanden, nicht mehr sehr viel. Ich möchte nichts gegen sie sagen. Aber daß das Leben nicht bloß ein Spiel sei, das beweist mir kein David. Gerade das ist es ja, das Leben, wenn es schön und glücklich ist: ein Spiel! Natürlich kann man auch alles mögliche andere aus ihm machen, eine Pflicht oder einen Krieg oder ein Gefängnis, aber es wird dadurch nicht hübscher. Auf Wiedersehen, es hat mich gefreut.«

Mit seinem leichten, sorgfältigen, wohlwollenden Gange setzte er sich in Bewegung, der wunderliche liebe Mensch, und war im Begriff zu verschwinden, da fiel vollends alle Haltung und Selbstbeherrschung in mir zusammen. Verzweifelt lief ich ihm nach und rief aus flehendem Herzen: »Leo! Leo! Sie sind doch Leo. Kennen Sie mich denn nicht mehr? Wir sind doch Bundesbrüder gewesen, und sollten es noch immer sein. Wir sind doch beide mit auf die Fahrt ins Morgenland gezogen. Haben Sie mich denn wirklich vergessen, Leo? Wissen Sie wirklich nichts mehr von den Kronenwächtern, von Klingsor und von Goldmund, vom Fest in Bremgarten, von der Schlucht bei Morbio Inferiore? Leo, erbarmen Sie sich!«

Er lief nicht davon, wie ich gefürchtet hatte, doch kehrte er auch nicht um; er schritt gemächlich weiter, als habe er nichts gehört, ließ mir aber Zeit, ihn einzuholen, und schien nichts dagegen zu haben, daß ich mich ihm anschloß.

»Sie sind so betrübt und so hastig«, sagte er begütigend, »das ist nicht hübsch. Es entstellt das Gesicht, und man wird krank davon. Wir wollen ganz langsam gehen, das beruhigt so schön. Und die paar Regentropfen – wunderbar, nicht? Sie kommen wie Kölnischwasser aus der Luft.«

»Leo«, flehte ich, »haben Sie Mitleid! Sagen Sie mir ein einziges Wort: Kennen Sie mich noch?«

»So«, sagte er begütigend und sprach noch immer wie zu einem Kranken oder Betrunkenen, »jetzt gibt sich das schon wieder, es war nur Aufregung. Sie meinen: ob ich Sie kenne? Ja, welcher Mensch kennt je den andern oder auch bloß sich selber? Und ich, sehen Sie, ich bin nun gar kein Menschenkenner. Es interessiert mich nicht. Hunde, ja, die kenne ich ganz gut, auch Vögel und auch Katzen. Aber Sie kenne ich wirklich nicht, Herr.«

»Aber Sie gehören doch zum Bunde? Sie sind doch damals mit auf der Fahrt gewesen?«

»Ich bin immer auf der Fahrt, Herr, und ich gehöre immer zum Bund. Da kommen und gehen so manche, man kennt sich und kennt sich doch nicht. Mit den Hunden ist das viel einfacher. Passen Sie auf, bleiben Sie einen Augenblick stehen!«

Er hob ermahnend den Finger. Wir standen auf der nächtlichen Gartenstraße, die sich mehr und mehr mit dünn niedersinkender Feuchtigkeit beschlug. Leo spitzte die Lippen und ließ einen gedehnten, vibrierenden, leisen Pfiff ertönen, wartete eine Weile, pfiff noch einmal, und ich schrak ein wenig zusammen, als plötzlich dicht vor uns, hinter dem Gitterzaun, an dem wir standen, ein großer Wolfshund aus dem Gebüsch sprang und sich freudig winselnd ans Gitter drängte, um von Leos Fingern zwischen den Stangen und Drähten hindurch gestreichelt zu werden. Hellgrün leuchteten die Augen des starken Tiers, und sooft sein Blick mich traf, knurrte es tief in seiner Kehle, wie ferner Donner, kaum hörbar.

»Dies ist der Wolfshund Necker«, sagte Leo vorstellend, »wir sind sehr gute Freunde. Necker, dies hier ist ein ehemaliger Violinspieler, du darfst ihm nichts tun, auch nicht bellen.«

Wir standen, und Leo kraulte durchs Gitter hindurch zärtlich das feuchte Hundefell. Es war eigentlich eine hübsche Szene, es gefiel mir eigentlich sehr, wie er mit dem Tier befreundet war und ihm die Freude dieser nächtlichen Begrüßung machte; aber zugleich war es mir kläglich und schien mir kaum zu ertragen, wie Leo da mit diesem Wolfshund und wahrscheinlich mit vielen, vielleicht mit allen Hunden der Gegend in so vertraulicher Freundschaft stand, während ihn von mir eine Welt von Fremdheit trennte. Die Freundschaft und das Vertrauen, um die ich flehend und demütigend mich bewarb, schien nicht nur diesem Hunde Necker, sie schien jedem Tier, jedem Regentropfen, jedem Fleck Erdboden zu gehören, den Leo betrat, er schien beständig sich hinzugeben, immerzu in fließender, wogender Beziehung und Gemeinschaft mit seiner Umgebung zu stehen, alles zu kennen, von allen gekannt und geliebt zu sein, – nur zu mir, der ich ihn so sehr liebte und seiner so sehr bedurfte, führte ihn kein Weg, nur mich allein trennte er ab, betrachtete mich fremd und kühl, ließ mich nicht in sein Herz, hatte mich aus seinem Gedächtnis gestrichen.

Wir gingen langsam weiter, mit leisen wohligen Lauten der Zuneigung und Freude begleitete ihn jenseits des Zaunes der Wolfshund, ohne doch meine lästige Gegenwart zu vergessen, denn noch mehrmals unterdrückte er Leo zuliebe den grollenden Ton von Abwehr und Feindschaft in seiner Kehle.

»Verzeihen Sie mir«, fing ich wieder an, »ich hänge mich da an Sie und nehme Ihre Zeit in Anspruch, und Sie wollen natürlich nach Hause und ins Bett.«

»Oh, warum denn?« lächelte er, »ich habe nichts dagegen, eine Nacht hindurch so zu schlendern, es fehlt mir weder an Zeit dazu noch an Lust, falls es Ihnen nicht zuviel wird.«

Er hatte es so hingesagt, sehr freundlich und gewiß ohne jede Nebenabsicht. Aber kaum waren die Worte gefallen, so spürte ich plötzlich im Kopf und tief in allen Gelenken, wie furchtbar müde ich war, wie schwer mir jeder Schritt dieser nutzlosen und für mich so beschämenden Nachtwanderung fiel.

»Es ist wahr«, sagte ich geschlagen, »ich bin sehr müde, erst jetzt merke ich es. Es hat ja auch keinen Sinn, so des Nachts im Regen herumzulaufen und andern Leuten zur Last zu fallen.«

»Wie Sie meinen«, sagte er höflich.

»Ach, Herr Leo, damals auf der Bundesfahrt ins Morgenland haben Sie nicht so mit mir gesprochen. Haben Sie denn wirklich das alles vergessen?. . . Nun, es nützt nichts, lassen Sie sich nicht weiter aufhalten. Gute Nacht.«

Schnell war er in der finstern Nacht verschwunden, ich blieb allein zurück, dumm, vor den Kopf geschlagen, ich hatte das Spiel verloren. Er kannte mich nicht, wollte mich nicht kennen, er machte sich über mich lustig.

Ich ging den Weg zurück, hinterm Gitterzaun bellte wütend der Hund Necker. Mitten in der feuchten Wärme der Sommernacht fror ich vor Müdigkeit, Trauer und Alleinsein.

Auch in früheren Jahren schon hatte ich ähnliche Stunden ausgekostet. Damals war jede solche Verzweiflung mir so erschienen, als sei ich, verirrter Pilger, am äußersten Rande der Welt angelangt, und es sei jetzt nichts mehr zu tun, als der letzten Sehnsucht zu folgen: sich vom Rande der Welt ins Leere fallen zu lassen, in den Tod. Mit der Zeit war die Verzweiflung zwar oftmals wiedergekehrt, der heftige Drang zum Selbstmord aber hatte sich verwandelt und war beinahe erloschen. Es war mir der »Tod« kein Nichts mehr, keine Leere, keine Negation. Es war auch vieles andre anders geworden. Die Stunden der Verzweiflung nahm ich jetzt so, wie man starke körperliche Schmerzen nimmt: man erduldet sie, klagend oder trotzig, man fühlt, wie sie schwellen und zunehmen, und spürt eine bald wütende, bald spöttische

Neugierde, wie weit das noch gehen, wie hoch der Schmerz sich noch steigern könne.

Aller Verdruß meines enttäuschten Lebens, das seit meiner einsamen Rückkehr von der mißlungenen Morgenlandfahrt immer wertloser und mutloser geworden war, aller Unglaube an mich selber und meine Fähigkeiten, alle neidisch-reuige Sehnsucht nach den guten und großen Zeiten, die ich einst erlebt hatte, wuchsen als Schmerz in mir an, wuchsen hoch wie ein Baum, wie ein Berg, dehnten mich, und bezogen sich alle auf meine derzeitige Aufgabe, auf meine begonnene Geschichte der Morgenlandfahrt und des Bundes. Es schien mir jetzt nicht mehr die Leistung selbst wünschenswert oder wertvoll. Wertvoll schien mir nur noch die eine Hoffnung: durch meine Arbeit, durch meinen Dienst am Gedächtnis jener hohen Zeit mich selbst etwas zu reinigen und zu erlösen, mich wieder in Verbindung mit dem Bund und dem Erlebten zu bringen.

Zu Hause machte ich Licht, setzte mich in den nassen Kleidern, den Hut auf dem Kopf, an den Schreibtisch und schrieb einen Brief, schrieb zehn, zwölf, zwanzig Seiten der Klage, der Reue, der flehentlichen Bitte an Leo. Ich schilderte ihm meine Not, ich beschwor in ihm die Bilder des gemeinsam Erlebten, der gemeinsamen Freunde von einst, ich klagte ihm die unendlichen, teuflischen Schwierigkeiten, an welchen mein edles

Unternehmen scheiterte. Verflogen war die Müdigkeit der Stunde, glühend saß ich und schrieb. Trotz allen Schwierigkeiten, schrieb ich, würde ich lieber das Schlimmste erdulden, als ein einziges von den Bundesgeheimnissen verraten. Und ich würde nicht nachlassen, trotz allem, mein Werk zu vollenden, zum Gedächtnis der Morgenlandfahrt, zur Verherrlichung des Bundes. Wie im Fieber malte ich Seite um Seite voll eiliger Buchstaben, ohne Besinnung, ohne Glauben, die Klagen, Anklagen, Selbstanklagen stürzten aus mir heraus wie Wasser aus einem brechenden Krug, ohne Hoffnung auf Antwort, nur aus Drang nach Entladung. Noch in der Nacht brachte ich den konfusen, dicken Brief zum nächsten Postkasten. Dann endlich, es war schon beinahe Morgen, drehte ich mein Licht aus, ging in die kleine Schlafmansarde neben meinem Wohnzimmer und legte mich zu Bett. Ich schlief sofort ein und schlief sehr schwer und lange.

Anderntags, als ich, nach mehrmaligem Erwachen und Wiedereinschlummern, mit Kopfschmerzen, aber ausgeruht wieder zu mir kam, fand ich im Wohnzimmer zu meiner unendlichen Überraschung, Freude und auch Verlegenheit Leo sitzen. Auf der Kante eines Stuhles saß er und sah aus, als warte er schon recht lange.

»Leo«, rief ich, »sind Sie gekommen?«

»Man hat mich nach Ihnen geschickt«, sagte er. »Es ist vom Bunde. Sie haben mir ja einen Brief deswegen geschrieben, ich habe ihn den Oberen gegeben. Sie werden vom Hohen Stuhl erwartet. Können wir gehen?«

Bestürzt beeilte ich mich, meine Schuhe anzuziehen. Der unaufgeräumte Schreibtisch hatte von der Nacht her noch etwas Verstörtes und Wüstes, im Augenblick wußte ich kaum mehr, was ich vor Stunden dort so angstvoll und heftig hingeschrieben hatte. Immerhin, es schien nicht umsonst gewesen zu sein. Es war etwas geschehen, Leo war gekommen.

Und plötzlich begriff ich erst den Inhalt seiner Worte. Also es gab noch einen »Bund«, von dem ich nichts mehr wußte, der ohne mich existierte und mich nicht mehr als zugehörig betrachtet hatte! Es gab noch den Bund, den Hohen Stuhl, es gab die Oberen, sie hatten nach mir geschickt! Heiß und kalt überlief es mich bei der Nachricht. Da hatte ich Monate und Wochen in dieser Stadt gelebt, beschäftigt mit meinen Aufzeichnungen über den Bund und unsre Fahrt, hatte nicht gewußt, ob und wo etwa noch Reste dieses Bundes bestünden, ob nicht vielleicht ich sein letztes Überbleibsel sei; ja, offen gestanden war ich zu gewissen Stunden nicht einmal dessen sicher gewesen, ob der Bund und meine Zugehörigkeit zu ihm jemals Wirklichkeit gewesen seien. Und jetzt stand da Leo, abgesandt vom Bund, um mich zu holen. Man erinnerte sich meiner, man rief mich, man wollte mich anhören, mich vielleicht zur Rechenschaft ziehen. Gut, ich war bereit. Ich war bereit zu zeigen, daß ich dem Bunde nicht untreu geworden sei, ich war bereit zu gehorchen. Mochten die Oberen mich nun strafen oder mir verzeihen, ich war im voraus bereit, alles anzunehmen, ihnen in allem recht zu geben und Gehorsam zu leisten.

Wir brachen auf, Leo ging voran, und wieder wie vor Jahren mußte ich, wenn ich ihn und seinen Gang betrachtete, bewundern, was für ein guter, was für ein vollkommener Diener er doch sei. Elastisch und geduldig lief er durch die Gassen, mir voraus, mir den Weg zeigend, ganz Führer, ganz Diener seines Auftrages, ganz Funktion. Aber dennoch stellte er meine Geduld auf keine geringe Probe. Der Bund hatte gerufen, der Hohe Stuhl erwartete mich, alles stand für mich auf dem Spiel, mein ganzes künftiges Leben würde sich entscheiden, mein ganzes gewesenes Leben würde jetzt seinen Sinn erhalten oder vollends verlieren – ich bebte vor Erwartung, vor Freude, vor Angst, vor erstickender Bangigkeit. Und so schien denn der Weg, den Leo mir voranging, meiner Ungeduld beinahe unerträglich lang, denn mehr als zwei Stunden mußte ich hinter meinem Führer gehen, auf den wunderlichsten und, wie mir schien, launischsten Umwegen. Zweimal ließ mich Leo vor einer Kirche, in welcher er betete, lange warten, betrachtend blieb er und versunken eine Zeit, die mir endlos schien, vor dem alten Rathause stehen und erzählte mir von dessen Gründung im fünfzehnten Jahrhundert durch ein berühmtes Mitglied des Bundes, und so sehr sein Gang beflissen, diensteifrig und zielbewußt zu sein schien, mir wurde doch ganz wirr vor den Umwegen, Einkreisungen und Zickzackgängen, mit denen er sich seinem Ziel näherte. Man hätte den Weg, der uns den ganzen Vormittag kostete, recht wohl in einer Viertelstunde zurücklegen können.

Endlich führte er mich in eine verschlafene Vorstadtgasse und in ein sehr großes stilles Gebäude, von außen sah es wie ein ausgedehntes Amtsgebäude oder Museum aus. Da war zunächst weit und breit kein Mensch, Korridore und Treppenhäuser gähnten leer und dröhnten von unsern Schritten. Leo begann in den Gängen, Treppen und Vorsälen zu suchen. Einmal öffnete er behutsam eine hohe Tür, durch die blickte man in ein vollgestopftes Maleratelier hinein, vor einer Staffelei stand in Hemdärmeln der Maler Klingsor – o wie viele Jahre hatte ich dies geliebte Gesicht nicht mehr gesehen! Aber ich wagte ihn nicht zu begrüßen, dazu war noch nicht die Zeit, ich war erwartet, ich war vorgeladen. Klingsor achtete nicht eben sehr auf uns; er nickte Leo zu, mich sah oder erkannte er nicht, und wies uns freundlich, aber entschieden hinaus, schweigend, keine Störung seiner Arbeit ertragend.

Schließlich zuoberst in dem unendlichen Gebäude kamen wir in ein Dachgeschoß, wo es nach Papier und Karton roch und wo die Wände entlang, viele Hunderte von Metern, Schranktüren, Bücherrücken und Aktenbündel starrten: ein riesiges Archiv, eine gewaltige Kanzlei. Niemand kümmerte sich um uns, alles war lautlos beschäftigt; mir kam es vor, als werde von hier aus die ganze Welt samt dem Sternhimmel regiert oder doch registriert und bewacht. Lange standen wir und warteten, um uns her eilten lautlos, mit Katalogzetteln und Nummern in den Händen, viele Archiv- und Bibliotheksbeamte, Leitern wurden angelegt und bestiegen, Aufzüge und kleine Rollwagen bewegten sich zart und leise. Endlich fing

Leo zu singen an. Ergriffen hörte ich die Töne, einst waren sie mir so vertraut gewesen, es war die Melodie eines unsrer Bundeslieder.

Auf den Gesang hin kam alsbald alles in Bewegung. Die Beamten zogen sich zurück, der Saal verlängerte sich in verdämmernde Fernen, klein und unwirklich in den riesigen Archivlandschaften der Hintergründe arbeiteten die fleißigen Menschen, die Nähe aber wurde weit und leer, feierlich dehnte sich der Saal, in seiner Mitte streng geordnet standen viele Sessel, und es kamen teils aus den Hintergründen, teils aus den zahlreichen Türen des Raumes viele Obere, welche lässig auf die Sessel zugingen und allmählich auf ihnen Platz nahmen. Eine Sesselreihe um die andere füllte sich langsam, in allmählicher Steigung erhob sich der Aufbau und gipfelte in einem hohen Throne, welcher noch nicht besetzt war. Bis zum Throne hin füllte sich das feierliche Synedrion. Leo sah mich an, mit einem Blick der Mahnung zu Geduld, zu Schweigen und Ehrfurcht, und verschwand zwischen den vielen, unversehens war er weg, und ich konnte ihn nicht mehr entdecken. Wohl aber sah ich da und dort zwischen Oberen, die sich zum Hohen Stuhl versammelten, bekannte Gestalten ernst oder lächelnd erscheinen, sah die Gestalt des Albertus Magnus, des Fährmanns Vasudeva, des Malers Klingsor und andre.

Endlich war es still geworden, und es trat der

Sprecher vor. Allein und klein stand ich dem Hohen Stuhle gegenüber, auf alles gefaßt, voll tiefer Angst, aber ebenso voll tiefen Einverständnisses mit dem, was hier geschehen und beschlossen werden würde.

Hell und ruhig klang die Stimme des Sprechers durch den Saal. »Selbstanklage eines entlaufenen Bundesbruders«, hörte ich ihn ankündigen. Mir zitterten die Knie. Es ging mir ans Leben. Aber es war gut so, es mußte nun alles in Ordnung kommen. Der Sprecher fuhr fort.

»Sie heißen H. H.? Waren mit beim Marsch durch Oberschwaben, beim Fest in Bremgarten? Haben kurz nach Morbio Inferiore Fahnenflucht begangen? Sind geständig, eine Geschichte der Morgenlandfahrt schreiben zu wollen? Halten sich darin für gehindert durch Ihr Gelübde des Schweigens über Bundesgeheimnisse?«

Frage um Frage beantwortete ich mit Ja, auch die mir unverständlichen und entsetzlichen.

Eine kleine Weile verständigten sich die Oberen durch Flüstern und Gebärden untereinander, dann trat aufs neue der Sprecher vor und verkündete:

»Selbstankläger wird hiermit ermächtigt, jedes ihm bekannte Bundesgesetz und Bundesgeheimnis öffentlich mitzuteilen. Es wird ihm außerdem das gesamte Bundesarchiv für seine Arbeit zur Verfügung gestellt.«

Zurück trat der Sprecher, auseinander traten die Oberen und verloren sich wieder langsam teils im tiefen Raume, teils durch die Ausgänge; ganz still wurde es in dem ungeheuren Raume. Ich blickte mich ängstlich um, da sah ich vor mir auf einem der Kanzleitische Papierblätter liegen, die erschienen mir bekannt, und indem ich sie anfaßte, erkannte ich in ihnen meine Arbeit, mein Sorgenkind, mein begonnenes Manuskript. »Geschichte der Morgenlandfahrt, aufgezeichnet durch H. H.« stand auf dem blauen Umschlag. Ich stürzte mich darauf, durchlas seine spärlichen, engbeschriebenen, vielfach durchstrichenen und korrigierten Textseiten, voll Hast, voll Arbeitsgier, voll vom Gefühl, jetzt endlich, mit höherer Billigung, ja Unterstützung, meine Aufgabe beenden zu dürfen. Wenn ich bedachte, daß kein Gelübde mir mehr die Zunge band, wenn ich bedachte, daß ich über das Archiv verfügen konnte, über diese unergründliche Schatzkammer, so schien die Aufgabe mir größer und ehrenvoller als je.

Je mehr ich jedoch in den Seiten meiner Handschrift las, desto weniger gefiel mir das Manuskript, ja es war mir auch in den verzweifeltsten Stunden bisher noch nie so unnütz und verkehrt erschienen wie jetzt. Alles schien so konfus und kopflos, die klarsten Zusammenhänge entstellt, das Selbstverständlichste vergessen, lauter Nebensächliches und Belangloses in den Vordergrund gedrängt! Da mußte ganz von vorn begonnen werden. Wie ich das Manuskript so durchlas, mußte ich Satz um Satz durchstreichen, und indem ich ihn durchstrich, verkrümelte er sich auf dem Papier, und die klaren spitzen Buchstaben fielen auseinander zu spielerischen Formfragmenten, zu Strichen und Punkten, zu Kreisen, Blümchen, Sternchen, und die Seiten bedeckten sich wie Tapeten mit anmutig sinnlosem Ornamentgewirke. Bald war nichts mehr da von meinem Text, dagegen blieb viel unbeschriebenes Papier für meine Arbeit übrig. Ich nahm mich zusammen. Ich machte mir klar: Natürlich war mir früher eine unbefangene und klare Darstellung nicht möglich gewesen, weil doch alles von Geheimnissen handelte, deren Mitteilung mir durch den Bundeseid verboten war. Wohl hatte ich den Ausweg gesucht, von einer objektiven Geschichtsdarstellung abzusehen und ohne Rücksicht auf die höheren Zusammenhänge, Ziele und Absichten mich einfach auf das von mir persönlich Erlebte zu beschränken. Aber man hatte ja gesehen, wohin das führte. Jetzt hingegen gab es keine Schweigepflicht und keine Beschränkungen mehr, ich war ganz offiziell ermächtigt, und dazu stand das unerschöpfliche Archiv mir offen.

Es war klar: Auch wenn meine bisherige Arbeit sich nicht in Ornamentik aufgelöst hätte, mußte ich das Ganze völlig neu beginnen, neu begründen, neu aufbauen. Ich beschloß, es mit einer kurzgefaßten Geschichte des Bundes, seiner Gründung und Verfassung zu eröffnen. Die kilometerlangen, endlosen, riesigen Zettelkataloge auf allen Tischen, die sich hinten weit in Ferne und Dämmerung verloren, mußten mir ja auf jede Frage Antwort geben.

Vorerst beschloß ich, das Archiv durch einige Stichproben zu befragen, ich mußte ja mit diesem ungeheuren Apparat arbeiten lernen. Natürlich suchte ich vor allem andern nach dem Bundesbrief.

»Bundesbrief«, sagte der Zettelkatalog, »siehe Fach Chrysostomos, Zyklus V, Strophe 39, 8.« – Richtig, ich fand das Fach, den Zyklus, die Strophe wie von selber, das Archiv war ganz wunderbar geordnet. Und nun hielt ich den Bundesbrief in Händen! Daß ich ihn wohl nicht würde lesen können, darauf mußte ich gefaßt sein. In der Tat, ich konnte ihn nicht lesen. Er war mit griechischen Buchstaben geschrieben, wie mir schien, und Griechisch verstand ich einigermaßen; aber teils war es eine höchst altertümliche, fremdartige Schrift, deren Zeichen trotz scheinbarer Deutlichkeit mir großenteils unlesbar blieben, teils schien der Text in einem Dialekt oder in einer geheimen Adeptensprache abgefaßt, von der ich nur selten ein Wort wie von ferne her, nach Anklängen und Analogien, verstand. Aber noch war ich nicht entmutigt. Blieb auch der Brief unlesbar, so stiegen mir doch aus seinen Zeichen starke Erinnerungsbilder von damals auf, namentlich sah ich wieder zum Greifen deutlich meinen Freund Longus, wie er im nächtlichen Garten griechische und hebräische Zeichen schrieb, und die Zeichen verloren sich als Vögel, Drachen und Schlangen in die Nacht.

Im Kataloge blätternd, schauerte ich vor der Fülle dessen, was hier auf mich wartete. Ich stieß auf manches vertraute Wort, auf manchen wohlbekannten Namen. Ich stieß, zusammenzuckend, auch auf meinen eigenen Namen, aber ich wagte es nicht, über ihn das Archiv zu befragen – wer würde es ertragen, den Spruch eines allwissenden Gerichtshofes über sich selbst zu vernehmen? Dagegen fand ich zum Beispiel den Namen des Malers Paul Klee, den ich von der Fahrt her kannte und der mit Klingsor befreundet war. Ich suchte seine Nummer im Archive auf. Dort fand ich ein Plättchen emailliertes Gold, anscheinend uralt, darauf war gemalt oder eingebrannt ein Klee, von dessen drei Blättern stellte das eine ein blaues Schiffchen mit Segel dar, das zweite einen buntgeschuppten Fisch, das dritte aber sah aus wie ein Telegrammformular, darauf stand geschrieben:

So blau wie Schnee,
So Paul wie Klee.

Es machte mir eine wehmütige Freude, auch über

Klingsor, über Longus, über Max und Tilli nachzulesen, auch widerstand ich dem Gelüste nicht, Näheres über Leo zu erfahren. Auf Leos Katalogzettel stand:

Cave!
  Archiepisc. XIX. Diacon. D. VII.
  cornu Ammon. 6
          Cave!

Die zweimalige Warnung »Cave« machte mir Eindruck, ich brachte es nicht über mich, in dies Geheimnis zu dringen. Mit jedem neuen Versuche aber begann ich mehr und mehr einzusehen, welche unerhörte Fülle an Material, an Wissen, an magischen Formulierungen dieses Archiv enthalte. Es enthielt, so schien mir, schlechthin die ganze Welt.
Nach beglückenden oder verwirrenden Ausflügen in viele Wissensgebiete kehrte ich mehrmals zu dem Katalogzettel »Leo« zurück, mit einer immer heftiger wachsenden Neugierde. Jedesmal schreckte das doppelte »Cave« mich zurück. Dafür fiel mir, beim Herumfingern in einem anderen Zettelkasten, das Wort »Fatme« in die Augen, mit dem Hinweis:

princ. orient. 2
  noct. mill. 983
    hort. delic. 07

Ich suchte und fand die Stelle im Archiv. Es lag dort ein winziges Medaillon, das sich öffnen ließ und ein Miniaturbildnis enthielt, ein entzückend schönes Prinzessinnenbildnis, das mich im Augenblick an alle tausendundeine Nächte, an alle Märchen meiner Jünglingszeit, an alle Träume und Wünsche jener großen Zeit erinnerte, als ich, um zu Fatme in den Orient zu fahren, mein Noviziat abgedient und mich zur Aufnahme in den Bund gemeldet hatte. Eingehüllt war das Medaillon in ein spinnwebfeines violettes Seidentüchlein, ich roch daran, es duftete unsäglich fern und zart traumhaft nach Prinzessin und Morgenland. Und indem ich diesen fernen dünnen Zauberduft einatmete, überfiel mich plötzlich und übermächtig die Einsicht: in welchen holden Zauber gehüllt ich damals die Pilgerschaft nach dem Osten angetreten, wie die Pilgerschaft an heimtückischen und im Grunde unbekannten Hindernissen gescheitert, wie der Zauber dann mehr und mehr verflogen und welche Öde, Nüchternheit und kahle Verzweiflung seither meine Atemluft, mein Brot, mein Trank gewesen war! Ich konnte weder Tuch noch Bild mehr sehen, so dicht war der Schleier der Tränen, die aus meinen Augen rannen. Ach, heute, das fühlte ich, würde das Bild der arabischen Prinzessin nicht mehr genügen, mich gegen Welt und Hölle zu feien und zum Ritter und Kreuzfahrer zu machen, es würde heute andrer, stärkerer Zauber bedürfen. Aber wie süß, wie unschuldig, wie heilig war jener Traum gewesen, dem meine Jugend nachgezogen war, der mich zum Märchenleser, zum Musikanten, zum Novizen gemacht und bis nach Morbio geführt hatte! Geräusch weckte mich aus der Versunkenheit, unheimlich blickte von allen Seiten die unendliche Raumtiefe des Archivs mich an. Ein neuer Gedanke, ein neuer Schmerz zuckte durch mich hin wie ein Blitzstrahl: Die Geschichte dieses Bundes hatte ich Einfältiger schreiben wollen, ich, der ich von diesen Millionen Schriften, Büchern, Bildern, Zeichen des Archivs kein Tausendstel zu entziffern oder gar zu begreifen vermochte! Vernichtet, namenlos töricht, namenlos lächerlich, mich selber nicht begreifend, zu einem Stäubchen eingedorrt, sah ich mich inmitten dieser Dinge stehen, mit welchen man mir ein wenig zu spielen erlaubt hatte, um mich fühlen zu lassen, was der Bund sei, und was ich selbst.

Herein kamen durch die vielen Türen die Oberen in unendlicher Zahl; manche konnte ich, noch durch Tränen hindurch, erkennen. Ich erkannte Jup den Magier, erkannte den Archivar Lindhorst, den als Pablo verkleideten Mozart. In den vielen Sesselreihen baute sich die erlauchte Versammlung auf, in Sesselreihen, welche nach hinten anstiegen und immer schmäler wurden; über dem hohen Thron, der die Spitze bildete, sah ich einen goldenen Baldachin funkeln.

Der Sprecher trat vor und verkündete: »Der Bund ist bereit, durch seine Oberen Recht zu sprechen über den Selbstankläger H., der sich berufen fühlte, Bundesgeheimnisse zu verschweigen, und der nun eingesehen hat, wie wunderlich und blasphemisch seine Absicht war, die Geschichte einer Fahrt zu schreiben, der er nicht gewachsen war, und die Geschichte eines Bundes, an dessen Dasein er nicht mehr glaubte, und dem er untreu geworden war.«

Er wandte sich an mich und rief mit seiner klaren Heroldstimme: »Bist du, Selbstankläger H., damit einverstanden, den Gerichtshof anzuerkennen und dich seinem Urteil zu unterwerfen?«

»Ja«, gab ich zur Antwort.

»Bist du, Selbstankläger H.«, fuhr er fort, »damit einverstanden, daß der Gerichtshof der Oberen ohne den Vorsitz des Obersten der Obern über dich urteile, oder verlangst du, daß der Oberste der Obern selbst über dich urteile?«

»Ich bin einverstanden«, sagte ich, »mit dem Urteil der Oberen, ob es mit oder ohne den Vorsitz des Obersten der Obern erfolge.«

Der Sprecher wollte erwidern. Da klang aus der hintersten Tiefe des Saales eine sanfte Stimme: »Der Oberste ist bereit, das Urteil selbst zu sprechen.«

Wunderliche Schauer weckte der Klang dieser sanften Stimme in mir. Tief aus der Ferne des Raumes her, aus den Wüstenhorizonten des Archivs, kam ein Mann geschritten, leise und friedlich war sein Gang, sein Kleid funkelte von Gold, und er kam unterm Schweigen der Versammlung näher, und ich erkannte seinen Gang, erkannte seine Bewegungen, erkannte zuletzt auch sein Gesicht. Es war Leo. In einem feierlichen und prachtvollen Ornat wie ein Papst stieg er durch die Reihen der Oberen zum Hohen Stuhl hinan. Wie eine prächtige fremde Blume trug er den Glanz seines Schmuckes die Stufen empor, grüßend erhob sich jede Reihe von Oberen, an der er vorüberkam. Sorgfältig, demütig, dienend trug er seine strahlende Würde, demütig, wie ein frommer Papst oder Patriarch Insignien trägt.

Ich war tief gebannt und durchdrungen von der Erwartung meines Urteils, das ich demütig hinzunehmen bereit war, ob es nun Strafe oder Begnadigung bringe; ich war nicht minder tief davon gerührt und ergriffen, daß es Leo war, der einstige Gepäckträger und Diener, der nun an der Spitze des ganzen Bundes stand und bereit war, über mich zu urteilen. Aber noch viel mehr ergriffen, betroffen, bestürzt und beglückt war ich von der großen Entdeckung dieses Tages: daß der Bund vollkommen unerschüttert und mächtig wie je bestehe, daß nicht Leo und nicht der Bund es war, die mich verlassen und enttäuscht hatten, sondern daß nur ich so schwach und so töricht gewesen war, meine eigenen Erlebnisse mißdeutend, am Bund zu zweifeln, die Fahrt ins Morgenland als mißglückt zu betrachten und mich für den Überlebenden und Chronisten einer erledigten und im Sande verronnenen Geschichte zu halten, während ich nichts war als ein Davongelaufener, untreu Gewordener, ein Deserteur. Entsetzen und Beglückung lagen in dieser Erkenntnis. Klein stand ich und demütig zu Füßen des Hohen Stuhles, von dem ich einst als Bruder in den Bund aufgenommen worden war, von dem ich einst die Novizenweihe und den Bundesring erhalten hatte und gleich dem Diener Leo auf die Fahrt geschickt worden war. Und mitten in dem allem fiel eine neue Sünde, ein neues unerklärliches Versäumnis, eine neue Schande mir aufs Herz: ich besaß den Bundesring nicht mehr, ich hatte ihn verloren, und ich wußte nicht einmal, wann und wo, hatte ihn bis heute nicht einmal vermißt!

Mittlerweile begann der Oberste der Obern, begann der golden geschmückte Leo mit schöner, sanfter Stimme zu sprechen, sanft und beglückend flossen seine Worte zu mir herab, sanft und beglückend wie Sonnenschein.

»Der Selbstankläger«, sprach es vom hohen Throne, »hat Gelegenheit gehabt, sich von einigen seiner Irrtümer zu befreien. Vieles spricht gegen ihn. Es mag begreiflich und sehr entschuldbar sein, daß er dem Bunde untreu wurde, daß er seine eigene Schuld und Torheit dem Bunde vorwarf, daß er an dessen Fortbestand zweifelte, daß er den wunderlichen Ehrgeiz besaß, zum Geschichtschreiber des Bundes werden zu wollen. Dies alles wiegt ja nicht schwer. Es sind, der Selbstankläger gestatte mir das Wort, lediglich Novizendummheiten. Sie erledigen sich dadurch, daß wir über sie lächeln.«

Hoch atmete ich auf, und die ganze erhabene Versammlung überflog ein leichtes Lächeln. Daß die schwersten meiner Sünden, sogar mein Wahn, daß der Bund nicht mehr bestehe und daß ich der einzige Treugebliebene sei, vom Obersten der Obern nur als »Dummheiten«, als Kindereien betrachtet wurden, war eine ungeheure Erleichterung und wies mich zugleich aufs strengste in meine Schranken zurück.

»Aber«, fuhr Leo fort, und jetzt wurde seine sanfte Stimme betrübt und ernst –, »aber es sind dem Angeklagten noch andere, viel ernstere Sünden nachgewiesen, und das Schlimmste daran ist, daß er für diese Sünden nicht als Selbstankläger dasteht, sondern von diesen Sünden gar nichts zu wissen scheint. Er bedauert tief, dem Bunde in Gedanken Unrecht getan zu haben, er kann sich nicht verzeihen, daß er in dem Diener Leo nicht den obersten Stuhlherrn Leo zu sehen vermocht hat, und ist nahe daran, den Umfang seiner Untreue am Bunde einzusehen. Aber während er diese Gedankensünden und Torheiten allzu ernst nahm und in diesem Augenblick erst erleichtert einsieht, daß sie durch Lächeln abgetan werden können, vergißt er hartnäckig seine tatsächlichen Verschuldungen, deren Zahl Legion und deren jede einzelne schwer genug ist, um hohe Strafe zu verdienen.«

Angstvoll flatterte das Herz in meiner Brust. Leo wandte sich mir zu: »Angeklagter H., Sie werden später Einblick in Ihre Verfehlungen bekommen, und es wird Ihnen auch der Weg gezeigt werden, sie künftig zu vermeiden. Nur um Ihnen zu zeigen, wie wenig Verständnis Sie noch für Ihre Lage haben, frage ich Sie nun: Erinnern Sie sich an Ihren Gang durch die Stadt in Begleitung des Dieners Leo, der Sie als Bote vor den Hohen Stuhl zu bringen hatte? – Ja, Sie erinnern sich. Und erinnern Sie sich, wie wir am Rathause, an der Paulskirche, am Dom vorüberkamen, und wie der Diener Leo in den Dom eintrat, um ein wenig zu knien und Andacht zu üben, und wie Sie selbst nicht bloß darauf verzichteten, mit einzutreten und Andacht zu verrichten, entgegen dem vierten Satz Ihres Bundesgelübdes, sondern wie Sie ungeduldig und gelangweilt draußen stehenblieben, um die lästige Zeremonie abzuwarten, die Ihnen so entbehrlich schien, die für Sie nichts war als eine widerwärtige Prüfung Ihrer egoistischen Ungeduld? – Ja, Sie erinnern sich. Sie haben, allein schon durch Ihr Verhalten vor dem Tor des Domes, alle grundlegenden Forderungen und Sitten des Bundes mit Füßen getreten, Sie haben die Religion mißachtet, haben einen Bundesbruder verachtet, haben der Gelegenheit und Aufforderung zu Andacht und Versenkung sich unwillig entzogen. Die Sünde wäre unverzeihlich, sprächen nicht besondre mildernde Umstände für Sie.«

Jetzt hatte er mich getroffen. Jetzt kam alles zur Sprache, nicht mehr die Nebensachen, nicht mehr die bloßen Dummheiten. Er hatte mehr als recht. Er traf mich ins Herz.

»Wir wollen«, fuhr der Oberste der Obern fort, »die Verfehlungen des Angeklagten nicht alle aufzählen, er soll ja nicht nach dem Buchstaben gerichtet werden, und wir wissen wohl, daß es nur unsrer Mahnung bedarf, um das Gewissen des Angeklagten zu wecken und ihn zum reuigen Selbstankläger zu machen.

Immerhin, Selbstankläger H., muß ich Ihnen raten, auch noch einige andre Ihrer Taten vor das Gericht Ihres Gewissens zu ziehen. Muß ich Sie an den Abend erinnern, an dem Sie den Diener Leo aufsuchten und von ihm als Bundesbruder wiedererkannt zu werden wünschten, obwohl dies unmöglich war, da Sie selbst sich als Bundesbruder so unkenntlich gemacht hatten? Muß ich Sie an Dinge erinnern, die Sie selbst dem Diener Leo erzählt haben? An den Verkauf Ihrer Violine? An Ihr verzweifeltes, dummes, engstirniges, selbstmörderisches Leben, das Sie seit Jahren geführt haben?

Und noch eines, Bundesbruder H., darf ich nicht verschweigen. Es ist ja recht wohl möglich, daß an jenem Abend der Diener Leo Ihnen in seinen Gedanken Unrecht getan hat. Nehmen wir an, es sei so. Der Diener Leo war vielleicht etwas zu streng, etwas zu vernünftig, er hatte vielleicht nicht genug Nachsicht und Humor für Sie und Ihren Zustand. Aber es gibt höhere Instanzen und untrüglichere Richter als den Diener Leo. Wie lautete das Urteil der Kreatur über Sie, Angeklagter? Erinnern Sie sich des Hundes Necker? Erinnern Sie sich der Ablehnung und Verurteilung, die er über Sie verhängte? Er ist unbestechlich, er ist nicht Partei, er ist nicht Bundesbruder.«

Er machte eine Pause. Ja, der Wolfshund Necker! Gewiß, der hatte mich abgelehnt und verurteilt. Ich sagte ja. Das Urteil war mir gesprochen, schon vom Wolfshund, schon von mir selber.

»Selbstankläger H.«, hob Leo wieder an, und jetzt klang aus dem Goldglanz seines Ornates und seines Baldachins hervor seine Stimme so kühl und hell und durchdringend wie die Stimme des Komturs, wenn er im letzten Akt vor Don Juans Tür erscheint. »Selbstankläger H., Sie haben mich angehört, Sie haben ja gesagt. Sie haben, so vermuten wir, sich selbst schon das Urteil gesprochen.«

»Ja«, sagte ich mit leiser Stimme, »ja.«

»Es ist, so vermuten wir, ein verdammendes Urteil, das Sie über sich selbst gesprochen haben?«

»Ja«, flüsterte ich.

Nun erhob sich Leo auf dem Throne und breitete sanft die Arme aus.

»Ich wende mich nun an euch, ihr Oberen. Ihr habet gehört. Ihr wisset, wie es dem Bundesbruder H. gegangen ist. Es ist ein Schicksal, das euch nicht fremd ist, mancher von euch hat es an sich selbst erleben müssen. Der Angeklagte wußte bis zur Stunde noch nicht, oder vermochte doch nicht recht daran zu glauben, daß sein Abfall und seine Verirrung eine Prüfung war. Er hat lange nicht nachgegeben. Er hat es jahrelang ertragen, nichts mehr vom Bund zu wissen, allein zu bleiben und alles zerstört zu sehen, woran er geglaubt hatte. Endlich vermochte er sich aber doch nicht länger zu verbergen und zu drücken, sein Leid wurde zu groß, und ihr wisset, sobald das Leid groß genug ist, geht es vorwärts. Bruder H. ist durch seine Prüfung bis in die Verzweiflung geführt worden, und Verzweiflung ist das Ergebnis jedes ernstlichen Versuches, das Menschenleben zu begreifen und zu rechtfertigen. Verzweiflung ist das Ergebnis eines jeden ernstlichen Versuches, das Leben mit der Tugend, mit der Gerechtigkeit, mit der Vernunft zu bestehen und seine Forderungen zu erfüllen. Diesseits dieser Verzweiflung leben die Kinder, jenseits die Erwachten. Angeklagter H. ist nicht mehr Kind und ist noch nicht ganz erwacht. Er ist noch mitten in der Verzweiflung. Er wird sie durchschreiten und wird damit sein zweites Noviziat leisten. Wir heißen ihn aufs neue im Bund willkommen, dessen Sinn zu verstehen er sich jetzt nicht mehr anmaßt. Wir geben ihm seinen verlorenen Ring zurück, den der Diener Leo für ihn aufbewahrt hat.«

Schon brachte der Sprecher den Ring, küßte mich auf die Wange und steckte mir den Ring an den Finger. Kaum hatte ich den Ring erblickt, kaum seine metallne Kühle an meinem Finger verspürt, so fielen mir tausend Dinge, tausend unbegreifliche Versäumnisse ein. Es fiel mir vor allem ein, daß der Ring in gleichen Abständen vier Steine trägt und daß es Bundesgesetz ist und zum Gelübde gehört, mindestens einmal an jedem Tage den Ring langsam am Finger zu drehen und sich bei jedem der vier Steine eine der vier grundlegenden Vorschriften des Gelübdes zu vergegenwärtigen. Ich hatte nicht nur den Ring verloren und ihn nicht einmal vermißt, ich hatte auch alle diese schrecklichen Jahre hindurch niemals mehr die vier Grundvorschriften hergesagt und mich ihrer erinnert. Alsbald suchte ich sie mir innerlich wieder vorzusagen. Ich ahnte sie, sie lagen noch in mir, sie gehörten mir so, wie einem ein Name gehört, auf den man sich im nächsten Moment besinnen wird, der aber im Augenblick sich nicht finden lassen will. Nein, es blieb still in mir, ich konnte die Regeln nicht hersagen, ich hatte den Wortlaut vergessen. Ich hatte sie vergessen, hatte viele Jahre sie nicht mehr repetiert, hatte viele Jahre sie nicht mehr befolgt und heilig gehalten – und hatte mich dennoch für einen treuen Bundesbruder halten können!

Beruhigend klopfte mir der Sprecher auf den Arm, als er meine Bestürzung und tiefe Beschämung sah. Und schon hörte ich auch den Obersten der Obern wieder sprechen.

»Angeklagter und Selbstankläger H., Sie sind freigesprochen. Es muß Ihnen noch mitgeteilt werden, daß der in einem solchen Prozeß freigesprochene Bruder die Pflicht hat, in die Schar der Oberen einzutreten und einen ihrer Sitze einzunehmen, sobald er ein Probestück seines Glaubens und Gehorsams abgelegt hat. Die Wahl des Probestücks ist ihm freigestellt. Antworte mir nun, Bruder H., auf meine Fragen:

Bist du bereit, zur Erprobung deines Glaubens einen wilden Hund zahm zu machen?«

Ich schauderte zurück. »Nein, ich könnte es nicht«, rief ich abwehrend.

»Bist du bereit und willens, auf unsern Befehl unverzüglich das Archiv des Bundes zu verbrennen, so wie jetzt der Sprecher einen Teil davon vor deinen Augen verbrennt?«

Es trat der Sprecher vor, griff in die wohlgeordneten Zettelkästen, langte beide Hände voll Zettel heraus, viele Hunderte von Zetteln, und verbrannte sie zu meinem Entsetzen über einem Kohlenbecken.

»Nein«, wehrte ich ab, »auch das könnte ich nicht.« »Cave, frater«, rief der Oberste der Obern mir zu, »sei gewarnt, stürmischer Bruder! Ich habe mit den leichtesten Aufgaben begonnen, zu welchen es den kleinsten Glauben braucht. Jede folgende Aufgabe wird schwerer und schwerer sein. Antworte: Bist du bereit und willens, den Bescheid unsres Archives über dich selbst zu erfragen?«

Mir wurde es kalt, und der Atem wollte mir stocken. Aber ich hatte begriffen: Frage um Frage würde schwerer und schwerer werden, es gab kein Entrinnen als in das noch Schlimmere. Tiefatmend stand ich und sagte ja.

Der Sprecher führte mich zu den Tischen, wo die Hunderte von Zettelkästen standen, ich suchte und fand den Buchstaben H., fand meinen Namen, und zwar zuerst meinen Vorfahren

Eoban, der vor vierhundert Jahren ebenfalls Mitglied des Bundes gewesen ist, dann kam mein eigener Name, mit dem Hinweise:

Chattorum r. gest. XC.
  civ. Calv. infid. 49

Das Blatt zitterte mir in der Hand. Indessen erhoben sich die Oberen einer um den andern von ihren Sesseln, reichten mir die Hand, blickten mir in die Augen, danach ging jeder davon, es leerte sich der Hohe Stuhl, als letzter kam der Oberste der Obern vom Thron herab, reichte mir die Hand, blickte mir in die Augen, lächelte sein frommes dienendes Bischofslächeln und verschwand als letzter aus dem Saale. Allein blieb ich zurück, den Zettel in der Linken, an den Bescheid des Archivs verwiesen.
Ich brachte es nicht über mich, sofort den Schritt zu tun und das Archiv über mich zu befragen. Zögernd stand ich im leeren Saal und sah weithin die Kästen, Schränke, Nischen und Kabinette sich dehnen, die Aufhäufung alles Wissenswerten, das er für mich irgend geben konnte. Aus Furcht ebensosehr vor meinem eigenen Zettel wie aus brennendem Wissensdurst erlaubte ich mir, mit meiner eigenen Angelegenheit noch ein wenig zu warten und erst noch dies oder jenes in Erfahrung zu bringen, was für mich und für meine Geschichte

der Morgenlandfahrt wichtig war. Freilich wußte ich im Grunde längst, daß diese meine Geschichte schon verurteilt und begraben war und daß ich sie nie zu Ende schreiben würde. Aber neugierig war ich doch sehr.

Aus einem der Zettelkästen sah ich einen schlecht eingelegten Zettel schräg aus den andern herausragen. Ich ging hin, zog den Zettel heraus, er lautete:

Morbio Inferiore.

Kein anderes Schlagwort hätte den innersten Kern meiner Neugierde kürzer und genauer bezeichnen können. Mit leichtem Herzklopfen suchte ich im Archiv die Stelle auf. Es war ein Archivfach, mit ziemlich vielen Papieren angefüllt. Obenauf lag die Kopie einer Beschreibung der Schlucht von Morbio aus einem alten italienischen Buch. Dann ein Quartblatt mit kurzen Nachrichten über die Rolle, welche Morbio in der Bundesgeschichte gespielt hat. Sämtliche Nachrichten bezogen sich auf die Morgenlandfahrt, und zwar auf die Etappe und Gruppe, zu der ich gehört hatte. Unsre Gruppe, so war es hier verzeichnet, war auf ihrer Fahrt bis Morbio gekommen, dort aber einer Prüfung ausgesetzt worden, die sie nicht bestand: dem Verschwinden Leos. Obgleich uns die Bundesregeln hätten führen sollen, und obgleich sogar für den Fall, daß eine Bundesgruppe führerlos bleiben sollte, Vorschriften bestanden und uns beim Antritt der Fahrt eingeschärft worden war, hatte doch unsre ganze Gruppe vom Augenblick an, wo wir Leos Fehlen entdeckten, den Kopf und den Glauben verloren, war ins Zweifeln und unnütze Debattieren geraten, und am Ende hatte sich die ganze Gruppe, jedem Bundesgeiste zuwider, in Parteien zerspalten und war auseinander gelaufen. Diese Erklärung des Unheils von Morbio konnte mich nicht mehr so sehr überraschen. Dagegen war ich außerordentlich erstaunt über das, was ich über die Spaltung unsrer Gruppe weiter zu lesen bekam. Es hatten nämlich nicht weniger als drei von uns Bundesbrüdern den Versuch gemacht, eine Geschichte unsrer Reise und eine Darstellung des Erlebnisses von Morbio zu geben. Einer von diesen dreien war ich, und es lag denn auch eine saubere Kopie meines Manuskriptes mit im Fache. Die beiden andern durchlas ich mit den wunderlichsten Gefühlen. Die beiden Autoren schilderten die Vorgänge jener Tage im Grunde nicht viel anders, als ich es getan hatte, und doch, wie anders klang es für mich! Bei dem einen las ich:

»Es war das Ausbleiben des Dieners Leo, das uns plötzlich und grausam die Abgründe von Uneinigkeit und Ratlosigkeit enthüllte, welche unsern bisher anscheinend so festen Zusammenhalt zerrissen. Einige von uns wußten oder ahnten zwar sogleich, daß Leo weder verunglückt noch davongelaufen, sondern daß er von der Bundesleitung heimlich abberufen worden sei. Wie schlecht wir aber diese Prüfung bestanden, daran kann gewiß keiner von uns ohne die tiefste Reue und Beschämung denken. Kaum hatte Leo uns verlassen, so waren Glaube und Einmütigkeit unter uns zu Ende; es war, als sei ein guter Hausgeist ausgezogen, es war, als liefe aus unsichtbarer Wunde das rote Blut des Lebens aus unsrer Gruppe fort. Es brachen erst Meinungsverschiedenheiten, dann offene Streitigkeiten aus um die unnützesten und lächerlichsten Fragen. Ich erinnere mich zum Beispiel, daß unser so beliebter und verdienstvoller Kapellmeister, der Violinspieler H. H., plötzlich die Behauptung aufstellte, der entlaufene Leo habe in seinem Trägersack unter andern Wertgegenständen auch den uralten heiligen Bundesbrief, die Urhandschrift des Meisters, mitgenommen! Es wurde über diese Frage allen Ernstes tagelang gestritten. Symbolisch genommen war H.s absurde Behauptung freilich merkwürdig sinnvoll: in der Tat war es, als sei mit dem Abgang Leos unsrer kleinen Heeresgruppe der Segen des Bundes, der Zusammenhang mit dem Ganzen, völlig verlorengegangen. Ein trauriges Beispiel war eben jener Musiker H. H. Bis zum Tag von Morbio Inferiore einer der treuesten und gläubigsten Bundesbrüder, außerdem als

Künstler beliebt und trotz mancher Charakter-schwächen eins unserer lebendigsten Mitglieder, verfiel er jetzt in Grübelei, Depression und Miß-trauen, wurde in seinem Amt mehr als nachlässig, begann unverträglich, nervös, streitsüchtig zu wer-den. Als er schließlich eines Tages auf dem Marsche zurückblieb und sich nicht wieder einfand, kam niemand auf den Gedanken, seinetwegen haltzu-machen und nach ihm zu forschen, die Fahnen-flucht war evident. Leider war er nicht der einzige, und am Ende ist von unsrer kleinen Fahrtgruppe nichts übriggeblieben . . .«

Bei dem andern Historiker fand ich diese Stelle: »Wie mit Cäsars Tode das alte Rom oder wie mit Wilsons Fahnenflucht der demokratische Weltge-danke, so brach mit dem unseligen Tag von Mor-bio unser Bund zusammen. Soweit hier von Schuld und Verantwortungen gesprochen werden darf, waren schuldig an diesem Zusammenbruch zwei anscheinend harmlose Mitbrüder: Der Musiker H. H. und Leo, einer der Diener. Diese beiden, bis dahin beliebte und treue Anhänger des Bun-des, wennschon ohne Verständnis für dessen welt-geschichtliche Bedeutung, diese beiden waren eines Tages spurlos verschwunden, nicht ohne manche wertvolle Besitztümer und wichtige Dokumente mitlaufen zu lassen, was darauf schlie-ßen läßt, daß die beiden Elenden von mächtigen Gegnern des Bundes gekauft worden sind . . .«

Wenn das Gedächtnis dieses Geschichtschreibers so sehr getrübt und gefälscht war, obwohl er sichtlich in besten Treuen und im Gefühl größter Wahrhaftigkeit Bericht erstattete – wo blieb da der Wert meiner eigenen Aufzeichnungen? Wären noch zehn andre Berichte anderer Autoren über Morbio, über Leo und mich aufgefunden worden, sie hätten vermutlich alle zehn einander widersprochen und einer den andern verdächtigt. Nein, es war nichts mit unsern historischen Bemühungen, man brauchte sie nicht fortzusetzen, nicht zu lesen, man konnte sie ruhig in diesem Archivfach verstauben lassen.

Ich empfand ein Grausen in mir vor allem, was ich vielleicht in dieser Stunde noch erfahren würde. Wie verschob, veränderte und verzerrte sich alles und alles in diesen Spiegeln, wie spöttisch und unerreichbar verbarg sich das Gesicht der Wahrheit hinter allen diesen Berichten, Gegenberichten, Legenden! Was war noch Wahrheit, was war noch glaublich? Und was würde übrigbleiben, wenn ich auch noch über mich selbst, über meine eigene Person und Geschichte, die Wissenschaft dieses Archives erfahren würde?

Ich mußte auf alles gefaßt sein. Und plötzlich ertrug ich die Ungewißheit und Erwartungsangst nicht mehr, ich eilte nach der Abteilung Chattorum res gestae, suchte meine Unterabteilung und Nummer und stand vor dem mit meinem

Namen bezeichneten Fach. Es war eine Nische, und sie enthielt, als ich den dünnen Vorhang vor ihr wegzog, nichts Schriftliches. Sie enthielt nichts als eine Figur, eine alt und mitgenommen aussehende Plastik aus Holz oder Wachs, mit blassen Farben, eine Art Götze oder barbarisches Idol schien sie zu sein, sie war für meinen ersten Blick vollkommen unverständlich. Es war eine Figur, welche eigentlich aus zweien bestand, sie hatten einen gemeinsamen Rücken. Ich starrte eine Weile enttäuscht und verwundert. Da fiel eine Kerze mir auf, die an der Nischenwand in metallenem Leuchter befestigt war. Feuerzeug lag da, ich zündete die Kerze an, hell stand nun die seltsame Doppelfigur beleuchtet.

Langsam nur enthüllte sie sich mir. Langsam und allmählich nur begann ich zu ahnen und dann zu erkennen, was sie darstellen wolle. Sie stellte eine Gestalt dar, die war ich, und dies Bildnis von mir war unangenehm schwächlich und halbwirklich, es trug verwischte Züge und hatte im ganzen Ausdruck etwas Haltloses, Schwaches, Sterbendes oder Sterbenwollendes an sich und sah etwa so aus wie eine Bildhauerarbeit mit dem Titel »Vergänglichkeit« oder »Die Verwesung« oder ähnlich. Die andere Figur dagegen, die mit der meinen in eins verwachsen war, blühte kräftig in Farben und Formen, und eben als ich zu erraten begann, wem sie gleiche, nämlich dem Diener und Obersten

Leo, da entdeckte ich noch eine zweite Kerze an der Wand und entzündete auch diese. Jetzt sah ich die Doppelfigur, die mich und Leo andeutete, nicht nur etwas klarer und ähnlicher werden, sondern sah auch, daß die Oberfläche der Figuren durchsichtig war und daß man in ihr Inneres blicken konnte, wie man durchs Glas einer Flasche oder Vase blickt. Und im Innern der Figuren sah ich etwas sich bewegen, langsam, unendlich langsam sich bewegen, wie eine eingeschlafene Schlange sich bewegt. Es ging da etwas vor sich, etwas wie ein sehr langsames, sanftes, aber ununterbrochenes Fließen oder Schmelzen, und zwar schmolz oder rann es aus meinem Ebenbild in das Bild Leos hinüber, und ich erkannte, daß mein Bild im Begriffe war, sich mehr und mehr an Leo hinzugeben und zu verströmen, ihn zu nähren und zu stärken. Mit der Zeit, so schien es, würde alle Substanz aus dem einen Bilde in das andre hinüberrinnen und nur ein einziges übrigbleiben: Leo. Er mußte wachsen, ich mußte abnehmen.

Indem ich stand und schaute und das Geschaute zu begreifen versuchte, kam ein kleines Gespräch mir wieder in den Sinn, das ich einst in den festlichen Tagen von Bremgarten mit Leo gehabt hatte. Wir hatten davon gesprochen, daß die Gestalten aus Dichtungen lebendiger und wirklicher zu sein pflegen als die Gestalten ihrer Dichter.

Die Kerzen brannten herunter und erloschen, ich fühlte mich von einer unendlichen Müdigkeit und Schlaflust ergriffen und wandte mich weg, um einen Ort zu suchen, wo ich liegen und schlafen könnte.

Hermann Hesse

Das erzählerische Werk
Sämtliche Jugendschriften, Romane,
Erzählungen, Märchen und Gedichte

Herausgegeben von Volker Michels
10 Bände in Kassette. Broschur

Band 1
Jugendschriften

Band 2
Die Romane I
Peter Camenzind
Unterm Rad
Gertrud

Band 3
Die Romane II
Roßhalde
Knulp
Demian
Siddhartha

Band 4
Die Romane III
Der Steppenwolf
Narziß und Goldmund
Die Morgenlandfahrt

Band 5
Die Romane IV
Das Glasperlenspiel

Band 6
Die Erzählungen
1900-1906

Band 7
Die Erzählungen
1907-1910

Band 8
Die Erzählungen
1911-1954

Band 9
Die Märchen
Legenden
Übertragungen
Dramatisches
Idyllen

Band 10
Die Gedichte

Hermann Hesse

Das essayistische Werk
Autobiographische Schriften.
Betrachtungen und Berichte.
Die politischen Schriften

Herausgegeben von Volker Michels
10 Bände in Kassette. Broschur

Band 1
Autobiographische Schriften I
Wanderung
Kurgast
Die Nürnberger Reise
Tagebücher

Band 2
Autobiographische Schriften II
Selbstzeugnisse
Erinnerungen
Gedenkblätter und
Rundbriefe

Band 3
Betrachtungen und Berichte I
1899-1926

Band 4
Betrachtungen und Berichte II
1927-1961

Band 5
Die politischen Schriften

Band 6
Die Welt im Buch I
Rezensionen und Aufsätze
aus den Jahren 1900-1910

Band 7
Die Welt im Buch II
Rezensionen und Aufsätze
aus den Jahren 1911-1916

Band 8
Die Welt im Buch III
Rezensionen und Aufsätze
aus den Jahren 1917-1925

Band 9
Die Welt im Buch IV
Rezensionen und Aufsätze
aus den Jahren 1926-1934

Band 10
Die Welt im Buch V
Rezensionen und Aufsätze
aus den Jahren 1935-1962

Eine Wanderung durch Hesses Werk auf den bunten Spuren des Frühlings

»Es war Frühlingsbeginn. Über die runden, schöngewölbten Hügel lief wie eine dünne, lichte Welle das keimende Grün, die Bäume legten ihre Wintergestalt, das braune Netzwerk mit den scharfen Umrissen, ab und verloren sich mit jungem Blätterspiel ineinander und in die Farben der Landschaft als eine unbegrenzte, fließende Woge von lebendigem Grün.«
Hermann Hesse

Der »unendlich schöne« Frühling inspirierte Hermann Hesse zu einer Vielzahl an Gedichten und Betrachtungen, in denen er über den Zauber und die geheimnisvolle Aura des Frühlings sinnierte.

Hermann Hesse, Frühling. Ausgewählt von Ulrike Anders. insel taschenbuch 4117. Etwa 120 Seiten